Adolf Keller

Historische Formenlehre der spanischen Sprache

Adolf Keller

Historische Formenlehre der spanischen Sprache

ISBN/EAN: 9783743358034

Hergestellt in Europa, USA, Kanada, Australien, Japan

Cover: Foto ©ninafisch / pixelio.de

Manufactured and distributed by brebook publishing software (www.brebook.com)

Adolf Keller

Historische Formenlehre der spanischen Sprache

HISTORISCHE FORMENLEHRE
DER
SPANISCHEN SPRACHE.

HISTORISCHE FORMENLEHRE

DER

SPANISCHEN SPRACHE

VON

Dr. A. KELLER.

IM SELBSTVERLAG DES VERFASSERS

PREIS 2 ℳ.

MURRHARDT.
BUCHDRUCKEREI von FR. LANG.
1894.

Vorwort.

Da bis jetzt eine Gesamtdarstellung der spanischen Formenlehre mit eingehender Berücksichtigung des Mittelalters noch nicht unternommen worden ist, glaube ich mit dieser Arbeit eine Lücke in der Kenntnis der spanischen Grammatik auszufüllen. — Besondere Sorgfalt habe ich auf das Verb verwandt. In zweifelhaften Fällen benützte ich für die Feststellung moderner Wortformen neben der Grammatik der spanischen Akademie die „Conjugación completa de todos los verbos irregulares castellanos" von Fernando Gómez de Salazar, ein Büchlein, das jene vielfach ergänzt; ferner die „Gramática comparada de las lenguas castellana y latina por el doctor D. Francisco A. Commelerány Gómez" (Madrid 1889). Die Zusammenstellung der altspanischen Formen ist durchaus meine eigene Arbeit; als Quellen dienten mir sowohl die gedruckten altspanischen Texte, als auch Manuscripte der Nationalbibliothek in Madrid. Dass ich mich nicht auf die unten (s. Abkürzungen) angegebenen Denkmäler beschränkt habe, versteht sich von selbst; diejenigen, welche nur die Formen schon benützter Texte wiederholten, wie z. B. die „Siete Partidas" u. a., habe ich nicht angeführt. Die als vulgär bezeichneten Ausdrücke entnahm ich teils Madrider Witzblättern, wie „El Motin", „La Saeta", teils dem Volksmund selber. Was die vulgärlateinischen Formen anbelangt, so machen dieselben natürlich keinen Anspruch auf absolute Gültigkeit, da sie ja nicht belegt werden können, sondern aus dem Romanischen unter Berücksichtigung der vulgärlateinischen Lautveränderungen erschlossen werden müssen.

Eine streng durchgeführte Scheidung der alten Formen nach Dialekten durfte ich bei dem heutigen Stand der spanischen Dialektkenntnis noch nicht vornehmen; gelegentliche Hinweise mögen zunächst genügen.

Murrhardt (Württemberg), Januar 1894.

Dr. A. Keller.

Inhaltsverzeichnis.

I. Substantiv.   Pg.

    Deklination 1,14
    Reste alter Casus 1
    Uebergang von einer Deklination zu einer andern 1
    Genuswechsel 2
    Genus der Substantive . . . 3—5
        nach der Bedeutung . . . 3
        „ „ Endung . . . 4
        „ „ Abstammung . . . 5
    Zweifaches Geschlecht
        Ambigua 5
        Communia 6
        Substant. gleichen Stamms mit übertragener Bedeutung . . . 6—8
        Homonyme verschiedenen Stammes . 8
    Bezeichnung des natürlichen Geschlechts 8—10
    Numerus der Substantive . . . 10—15
        Pluralbildung . . . . 10—11
        Defektiva . . . . 11—12
        Plural mit doppelter Bedeutung . 12—13
        Zusammengesetzte Substantive . . 13—14
        Form des Substantivs im Altspanischen 14—15
    Modifikation des Substantivs . . 15 16

II. Adjektiv.

    Bildung des Femininums . . . 16 17
    Bueno, malo, santo, grande . . . 17
    Pluralbildung 17
    Comparativ und Superlativ . . . 18—19
    Form des Adjektivs im Altspan. . . 19 20
    Modifikation des Adjektivs . . . 20

III. Zahlwort.

    Cardinalzahlen . . . . 20—21
        Altspanische Formen . . 21
    Unbestimmter Artikel . . . 21—23
    Ordinalzahlen . . . . 22—23
        Alte Formen . . . 22—23
    Distributivzahlen 23

	Pg.
Adverbialzahlen	23
Multiplikativzahlen	23
Brüche	23—24
Collectivzahlen	24

IV. Pronomen.
Personalpromen
Absolutes	24
Alte Formen	25
Verbundenes	25
Alte Formen	26

Possessivpronomen
Betontes und unbetontes	26—27
Alte Formen	27

Demonstrativpronomen — 27-28
Alte Formen	28
Der bestimmte Artikel	28—29
Alte Formen	29—30

Relativ- und Interrogativpronomen — 30
Alte Formen	31

Indefinita — 31—32
Alte Formen	32—33

V. Verbum.
Verbalformen im Spanischen	33
Uebergang aus einer Conjug. in eine andere	34—35

Infinitiv
Vulgärlat. Inf.	37
Der 3 regelm. Conjug.	38—39

Präsens
Vulgärlat. Präsens	35
Präsens der 3 regelmässigen Conjugationen	39—40
Veränderung des Stammvokals	40—45
Paragogisches y im Präsens	46
Verba auf eo und io	47—49
Inchoativa	49—50
Verba auf —angere und —ingere	50
Präsens der Verben hacer, decir, poder, ir, exir	50—51
Einschiebung von y	51
Verben auf aigo, oigo, uigo	51—52
Apokopiertes Präsens	52
Orthographische Eigentümlichkeiten	52—53

Imperfekt
Im Vulgärlatein	36
Imperfekt der 3 regelm. Conjug.	53—54
Imperfekt von ester, ir, veer, seer	53—54

Perfect
Vulgärlateinisches	36—37
Schwaches	36
Starkes	37

Pg.

Schwaches Perfekt der 3 regelm. Conj. mit
  den davon abgeleiteten Conjunktiven 54—56
Orthographische und lautliche Aenderungen 56
Starkes Perfekt auf i 56—58
  „ „ „ ni 58—60
  „ „ „ si 60—72
  „ „ „ sni 62
Perfekt vom Verb ser 63—63
Schwache und starke Formen nebeneinander 63—64

Futurum und Conditional
  Im Vulgärlatein 37
  Fut. u. Cond. der drei regelm. Conj. 64
  Synkopierte Formen 94—67

Imperativ
  Vulgärlateinischer 38
  Imperat. der drei regelm. Conjug. 67
  Von hacer und decir 67—68

Gerundium
  Vulgärlateinisches 38
  Der drei regelm. Conj. 68

Particip
  des Präsens 38, 68
  des Perfekts Passiv 38, 68—70
    auf sum 68—69
    auf tum 69—70
Formveränderungen des Verbs 71

VI. Adverb.
Ursprüngliches 71
Spätere Bildungen 71—72
Neubildungen der Adverbien der Art u. Weise 72—73
Steigerung des Adverbs 73
Modifikation des Adverbs 73—74
Adverbien des Raums 74—75
  „ der Zeit 75—77
  „ des Grads 77—79
  „ der Vergleichung 79
Adv. der Bejahung, Verneinung, des Zweifels 79—80

VII. Präpositionen.
Ursprüngliche Präpositionen 80—81
Ursprüngliche Adverbien 81
Ursprüngliche Substantive und Adjektive 82
Uneigentl. Präpos. od. präposition. Ausdrücke 82

VIII. Conjunktionen.
Einfache 82—83
Mit que zusammengesetzte 82—84

IX. Interjektionen. 84

Abkürzungen.

A	Libro de Alexandre
AD	Asturische Documente (Fernández-Guerra)
AH	Arçipreste de Hita
A n S	Anales de Sevilla
Ap	Libre de Appollonio
As	Autos sacramentales
B	Gonzalo de Berceo
CC	Crónica rimada del Cid
C. g.	Cancionero general
Cl	Celestina
Cs	Cervantes
D	Dialog zwischen Leib und Seele (Wolf)
DJM	Don Juan Manuel
DL	Diálogo de las lenguas
DM	Danza de la muerte
Dr	Dreikönigsspiel
D 163	Fuero Juzgo (ined.)
FA	Fuero aragonés
FAO	Fueros de Avilés y Oviedo
Fern. Cab.	Fernán Cavallero
FJ	Fuero Juzgo (v. d. Acad.)
FZ	Fuero de Zamora (ined.)
GC	Guillen de Castro
GV	Gil Vicente
JT	Juan Timoneda
L	Lope de Vega
LA	Lopez de Ayala
Libr. de l. enx.	Libro de los enxemplos
MA	Mittelalter
ME	Vida de Maria Egipciaca
O	Ocampo, Crónica de España
PA	Poema de Alfonso XI
PC	Poema del Cid
PFG	Poema del Conde Fernán González
PJ	Poema de José
PM	Libro de los fechos et conquistas del Principado de la Morea
Q	Quevedo
Q 94, 125, 185	Fuero Juzgo (ined.)
RC	Romancero castellano
RCd	Romancero del Cid
RH	Revelaçion de un hermitano
RO	Lo Libre dels tres reys dorient
RP	Rimado de Palacio
SJ	Vida de San Jldefonso
ST	Proverbios de Don Sem Tob
S 93	Fuero Juzgo (ined.)
TD	Tractado de la doctrina
Tor	Torerosprache
Ult	Conquista de Ultramar
U 8—12	Urkunden des 8.—12. Jahrhunderts
Z	Zorilla („D. Juan Tenorio")

I. Substantiv.

§ 1. Deklination. Schon im Vulg. lat. wird die alte Deklination aufgelöst; Genetiv und Dativ werden durch die Präpositionen de und ad ersetzt. In I fällt der Nominativ, Accusativ und Ablativ Sg.; in II und III Dativ, Accus. und Abl. zusammen; im Pl. bleibt für das Spanische nur der Accus. massgebend. Reste der alten Deklination sind:

Nom. 1) Namen wie Carlos, Marcos, Jesús (in Verbindung mit Cristo: Jesucristo). 2) Pronomina: este, ese, elle, qui, y, tú, res. 3) Gelehrte Wörter wie examen, index, virgo; ebenso die griechischen auf is: tesis etc., doch neben basis auch base. 4) kirchlich Dios (mit Verlegung des Accents).

Gen. Die Wochentage: lunes nach Analogie von martes etc.; Fuero juzgo (júdicum); Pentecostés (griech. Gen.); ausserdem in zusammengesetzten: acueducto, terremoto.

In den Patronymica die Endung ez (nach Diez gothisch, u. iberisch nach der Gramát. de la Acad.), z. B. Sánchez, Fernández. Ebenso die Pronomina lns FAO-illius, lur PM-illorum, cuyo-cuyus.

Dat. Pronomina: le, les, mi, ti, si, cui FAO. In Zusammensetzungen wie crucifijo.

Acc. (Sichere Formen). Die griech. Accus. wie la Enéida; Pronom. me, te, se, quien, alguien, ren; asoras (— has horas); Moisén als obliq. Form zu Moisés.

Abl. mente als Adverbialsuffix, como (quomodo), hogaño (hoc anno) agora (hac hora); in Compos. wie fidedigno, re ME.

§ 2. Uebergang von einer Deklination in eine andere.
Die Plurale der Neutra II gehen zu I über: hoja folia, leña = ligna.

III zu I und II. Zu I: Die griechischen Wörter auf a, atis: poema; ebenso die Pl. der Neutra: obra — opera.
Zu II: us, oris: pectus, corpus, tempus = pecho, cuerpo, tiempo, us, eris: latus = lado.

Neben os, ossis steht schon das lat. ossum, neben vas, vasis, auch vasum; neben pavo, pavonis: pavus, daher pavo und pavón; genus, eris wird zu generus: género, pulvis zu pulvus = polvo, im Pl. pólvora von pulvus, pulvoris.

IV zu II: Neutra zu Mask. Zu belegen sind: gelus, cornus; gen. senati etc. Domus hat auch klassisch lat. Formen der II. Reste auf u sind nur wenige vorhanden: espíritu (kirchlich); ímpetu (wohl gelehrt), tribu neben altem tribo.

V zu I und III: die Wörter auf -ities haben die Form -itia schon im klass. Latein: avaritia neben avarities; doch ist im Span. auch die erstere erhalten, die zu III übergeht: altivez; ausserdem dia aus dies.

Es setzt sich also zusammen:

Die 1te vulg.-lat. Deklination:
1) aus Wörtern der 1. lat. auf a; z. B. mesa (fem. geblieben)
2) „ „ der 2. lat. auf pl. a; hoja (neutr. zu fem.)
3) „ „ der 3. lat. auf a, atis; poema (neutr. su masc.)
4) „ „ der 3. lat. auf pl. a.; obra (neutr. zu fem.)
5) „ neugebildeten nach der 1. wie lauda = lande
6) „ Wörtern der 5. lat. auf es; dia, dureza,
7) „ „ der 1. griechischen wie cometa (m. bleibt).

Die 2te:
1) Aus Wörtern der lat. 2. auf us, um, er: dueño, cielo
yerno (m. n. n. zu mask.);
período (fem. zu mask.)
2) „ „ der 3. auf us, oris: cuerpo, tiempo
    pecho ⎫
us, eris: lado ⎬ neutr. zu mask.
ut, itis: cabo ⎭
3) „ neugebildeten nach der 2. wie género (n. zu m.)
4) „ Wörtern der lat. 4.; tumulto (m. geblieben)
cuerno (n. zu m.)

Die 3te:
1) Aus Wörtern der 3. lat. auf e: torre (Wörter verschiedenen Geschlechts.)
2) „ „ der 5. lat. auf ities: altivez.

Das Flexions-e ist heute gefallen hinter l, r, n; d, s, z, j, alt auch hinter v, nt, rt, ch. Cfr. dazu § 11.

§ 3. Genuswechsel. 1. Dekl. Die Wörter auf a, ausser die, welche Männer bezeichnen, wie poeta, bleiben fem.; mask. sind auch die griech. wie cometa. 2.: Die neutra auf um werden masc.: coelum = el cielo; ebenso die neutra auf us: vulgus = el vulgo. Die griech. fem. auf us werden ebenfalls masc.; methodus, periodus etc., el método, período, dialecto, párrafo. 3.: Die mas. auf or (Abstrakta) werden Fem.: sapor, error, sudor: la sabor, error, sudor; neu wieder mask. el sabor etc. Flos und labor

werden fem., orden ist mask. und fem. je nach der Bedeutung,
margo hat schon im Lat. beide Genera. Die neutra auf or
werden mask.; marmor, cor: el mármol, el cuer, ebenso die auf
er: cadaver; uber wird fem.: la ubre, is: crinis mask.; bei
Plautus auch fem. wird fem.; canalis, finis, schon lat. auch
fem.; ersteres jetzt mask. und fem., letzteres mask., alt auch
fem., callis lat. mask. und fem., heute nur fem., grex wird
fem. im Anschluss an lex; calix lat. masc., hat Altspan. beide
Genera, heute mask.; fons wird fem. nach frons: la fuente, im
Anschluss daran la puente, heute nur noch el puente. Mare
ist im Altspan. u. noch heute ambiguen Geschlechts, sonst werden
die Neutra fast allgemein Masc. Mel und fel sind fem. geworden, sal ebenso (lat. m. und n.), lacte zu la leche, rete zu la
red. Die neutra auf men werden zu fem.: culmen: cumbre,
lumen: lumbre mit Anschluss an costumen für consuetudo, servitumen für servitudo etc. 4.: Die Neutra werden Masc.: cornu,
= el cuerno; idus fem. wird masc.: los idus.

Abweichungen von der allgemeinen Geschlechtsregel:
1) Bäume sind im Lat. fem., im Span. masc.,
2) Die Ländernamen auf us, span. o sind im Lat. fem., im
Span. masc. Aegyptus fem. = el Egipto; die Städtenamen auf o werden männlich und weiblich gebraucht.

Die Indeclinabilia, die im Lat. neutra sind, werden fem., z. B
die Namen der Buchstaben: la b; ebenso gumma, das neben
gummi steht: la goma.

Zu unterscheiden sind am Substantiv:

1) Genus (männlich, weiblich, sächlich)
2) Numerus (Singular und Plural)
3) Modifikation (Augmentativa und Deminutiva).

§ 4. A) Genus.

Erkennbar ist das Geschlecht der spanischen Substantive
1) an der Bedeutung, 2) an der Endung, 3) an der Abstammung.

a) Geschlecht nach der Bedeutung:

Männlich sind: 1) Die Substantive, welche männliche
Wesen (Personen und Tiere) bezeichnen, wie Federico, Rocinante; caballero, poeta, gato.

2) Die Namen der Völker, Flüsse, Berge, Winde, Him-

melsrichtungen, Monate, Tage; z. B. el alemán, el Elba, el Guadarrama, el levante, el sur, el enero, el lunes.

Ausnahmen: Winde: la brisa, la tramontana
Flüsse: la Huerva und la Esgueva,
neben el Huerva, el Esgueva.

3) Die Namen der musikalischen Noten: el do, re, mi, fa, sol, la, si, do.
4) Die Namen der Zahlen: el dos, el diez.

Weiblich sind:
1) Die Substantive, welche weibliche Wesen (Personen und Tiere) bezeichnen, wie Luisa, mujer, niñera, yegua.
2) Die Namen der Buchstaben des Alphabets: la a, la b, la c.

Sächlich sind nur die substantivierten Adjektive abstrakter Bedeutung: lo bueno, lo hermoso.

b) Geschlecht nach der Endung:

Männlich sind:
1) Die Wörter auf — o: el río.
Ausnahmen nur la mano, la nao, la seo.
2) Die Städte- und Ländernamen auf o, ú oder Consonant: Toledo, Madrid; el Perú, el Brasil (die Städtenamen werden jedoch auch weiblich gebraucht: la hermosa Toledo = la hermosa ciudad de Toledo.)
3) Die Wörter auf — or: el emperador, el amor, el calor.
Ausnahmen la flor, la labor.

Im Altspan. sind die Abstrakta auf —or weiblich: Belege: vuestra amor, otra desonor, PC la color CC la amor ME la dolor, la color, poca honor Ap la olor, mala error, mala sudor B la loor FJ la sabor, la fervor, rica valor A ninguna temor PJ; daneben aber auch, wiewohl seltener el mi amor B el dolor FJ; labor heute weiblich, wird in AD und FJ auch männlich gebraucht; calor und color sind vulgär auch heute noch fem.

Weiblich sind:
1) Die Substantiva auf — a: la villa, la Alemania, Europa.
Ausnahmen: a) Namen der Völker, Flüsse, Berge:
el persa, el Guadiana, el Himalaya.
b) Die Bezeichnungen vom männl. Amt, Beruf, u. s. w.: el poeta, el cura.

c) el día, el mediodía.
d) Aus dem Griech. stammende Sustantiva, wie el clima, dilema, diploma, idioma, planeta, sistema, telegrama.

Fern. Cab. hat el und la diadema; el und la espía Cs., el und la ordonanza (Galdós).

<small>Sonst findet sich früher la diploma, la planeta, la clima L, el und la crisma Cs.</small>

2) Die Substantiva auf — ción und — zón (lat — tio. — tionis): la acción, nación, razón, sazón.
3) Die Substantiva auf — ad (lat. auf as, atis) und — ud (us, utis): la amistad, bondad, salud, virtud.
4) Die Substantiva auf — ez (ities): altivez, niñez, robustez.
5) Die Substantiva auf — umbre (lat. umen): lumbre, costumbre.

c) Geschlecht nach der Abstammung.

Mask. sind im Allgemeinen die lat. mask.
Ausnahmen: la crin (crinis), alt la fin: fin bona B la hueste A, PM neben el hueste, nuestra convit AH, el und la caliz B.

Fem. sind im Allgemeinen geblieben.
Ausnahmen: el árbol neben altem la arbol (arbor). alt: el und la az PC.

Die Neutra sind: 1) mask. geworden: el vino, el cuerpo.
2) fem. geworden (aus lat. Plural der Subst. und Adj.): el arma, la muralla, la seña, la batalla;
ebenso aus — umen: lumbre, cumbre. (Cfr. übrigens § 3.)

§ 5. Zweifaches Geschlecht.

1) Ambigua:
el und la análisis, Analysis
„   „ aroma, Aroma
„   „ albalá, Passierzettel
„ „ „ azúcar, Zucker
„ „ „ arte, Kunst
„ „ „ cisma, Spaltung
„   „ crisma, heiliges Oel

el und la cutis, Haut
„ „   „ dote, Mitgift
„ „   „ mar, Meer
„ „   „ margen Rand
„ „   „ neuma, Aushalten (im Singen)
„ „   „ puente, Brücke
„ „   „ tribu, Stamm
„ „   „ pro, Nutzen
„ „   „ prez, Ehre

azúcar, puente werden wie calor und color (pg. 4) nur in der Vulgärsprache noch weiblich gebraucht; análisis ist heute vorwiegend männlich, während tribu fast nur noch weiblich im Gebrauch ist; dote, Mitgift ist männl. und weibl., besonders im Plural: las dotes; mar ist öfters weibl. als männl., tritt aber eine nähere geographische Bezeichnung hinzu, so ist es immer männl.: el mar Mediterráneo.

2) Communia.

a) Vornamen: Don Rosario, Doña Rosario.
b) Völker- und Gattungsnamen:

el persa, der Perser	la persa, die Perserin
„ escita, „ Skythe	„ escita, „ Skythin
„ idiota, „ Jdiot	„ idiota, „ Jdiotin
„ homicida, der Meuchelmörder	„ homicida, die Meuchelmörderin
„ organista, „ Orgelspieler	„ organista, die Orgelspielerin
„ indígena, „ Eingeborene	„ indígena, „ Eingeborene
„ árabe, „ Araber	„ árabe, „ Araberin
„ consorte, „ Gatte	„ consorte, „ Gattin
„ cómplice, „ Mitschuldige	„ cómplice, „ Mitschuldige
„ cónyuge, „ Gatte	„ cónyuge, „ Gattin
„ reo, „ Schuldige	„ reo, „ Schuldige
„ testigo, „ Zeuge	„ testigo, „ Zeugin
„ mártir, „ Märtyrer	„ mártir, „ Märtyrerin
„ paria, „ Paria	„ paria, „ Paria

3) Substantiva gleichen Stammes, die in übertragener Bedeutung das Geschlecht wechseln.

el aroma, der Wohlgeruch   la aroma, die Akazienblüte
el atalaya, der Turmwächter   la atalaya, der Wachtturm
el ayuda, der Gehilfe   la ayuda, die Hilfe

el barba, der Alte (im Schauspiel) — la barba, der Bart
el bestia, der Dummkopf — la bestia, das Tier
el cabecilla, der Parteiführer — la cabecilla, das Köpfchen
el calavera, der ausschweifende Mensch — la calavera, der Totenkopf
el capital, das Kapital — la capital, die Hauptstadt
el canalla, der gemeine Mensch — la canalla, das Hundepack
el centinela, die Schildwache, Soldat — la centinela, die Wache
el cólera, die Cholera — la cólera, der Zorn
el cometa, der Komet — la cometa, der Papierdrache
el consonante, der Reim — la consonante, der Consonant
el corneta, der Hornist — la corneta, das Horn
el delta, das Flussdelta — la delta, d. griech. Buchstabe d
el descendiente, der Nachkomme — la descendiente, der Abhang
el doblez, die Falte — la doblez, die Falschheit
el fantasma, das Hirngespinst — la fantasma, das Gespenst
el frente, die Front — la frente, die Stirne
el gallina, der Feigling — la gallina, die Henne
el espada, der Töter (im Stiergefecht) — la espada, der Degen
 — la guarda, die Hut
el guarda, der Wächter — la guardia (civil), das Gendarmeriekorps
el guardia (civil), der Gendarm
el guía, der Führer (Mann) — la guía, der Führer (Buch)
el (arco) iris, der Regenbogen — la Iris, die Iris
el justicia, der Oberrichter — la justicia, die Gerechtigkeit
el hortera, der Handlungsdiener — la hortera, der hölzerne Napf
el lengua, der Dollmetscher — la lengua, die Zunge, Sprache
el und la máscara, Maske (Person) — la máscara, die Maske
el modelo, das Muster — la modelo, das (weibl.) Modell
el orden, die Ordnung — la orden, der Befehl, Orden
el parte, der Bericht — la parte, der Teil
el pendiente, der Ohrring — la pendiente, der Abhang
el recluta, der Rekrute — la recluta, die Rekrutierung
el tema, das Thema — la tema, der Eigensinn
el trompeta, der Trompeter — la trompeta, die Trompete
el rata, der Taschendieb — la rata, die Ratte

el vista, der Zollbeamte	la vista, das Gesicht (Sinn)
el vocal, der Stimmberechtigte	la vocal, der Vocal
el vigía, der Wächter	la vigía, das Wachthäuschen.

4) Homonyme verschiedenen Stammes.

el corte, der Schnitt	la corte, der Hof,
el cura, der kathol. Pfarrer	la cura, die Heilung
el haz, das Bündel	la haz, die Erdoberfläche, rechte Seite vom Tuch
el levita, der Levite	la levita, der Gehrock
el llama, das Lama	la llama, die Flamme
el marica, der Weiberfeind	la marica, die Elster
el moral, der Maulbeerbaum	la moral, die Moral
el papa, der Papst	la papa, der Mehlbrei, Kartoffel
el pez, der Fisch	la pez, das Pech
el secante, das Löschblatt	la secante, die Sekante.

§ 6. Bezeichnung des natürlichen Geschlechts.

Das natürliche Geschlecht von Menschen und Tieren wird bezeichnet:

1) Durch besondere Wörter
   a) verschiedenen Stammes

el hombre	—	la mujer
el toro	—	la vaca.

   b) desselben Stammes mit verschiedener Endung.
   Mask. auf o, d, l, n, r, s, bilden ihre fem. auf a:

el muchacho	la muchacha
el perro	la perra
el huésped	la huéspeda
el general	la generala
el capitán	la capitana
el embajador	la embajadora
el marqués	la marquesa.

Ebenso die auf —e, obwohl hier Schwankungen vorkommen; sicher sind:

  el monje la monja
  el pariente la parienta
  el sastre la sastra
  el infante la infante

Dagegen sagt man la sirviente und la sirvienta,
 (Alt: una infante loçana PA)
  la protestante und la protestanta
  la asistenta ⎫
        ⎬ Valdés
  la penitenta ⎭

Auf —esa bilden:
  el abad la abadesa
  el barón la baronesa
  el conde la condesa
  el duque la duquesa
  el alcalde la alcaldesa
  el juglar la juglaresa.

Ausserdem veraltet: diablo — diablesa, papa — papesa Cs, dios — deesa A, Cl.

Auf —isa:
  el diácono la diaconisa
  el poeta la poetisa ⎫ Alt: etiope — etiopisa
  el profeta la profetisa ⎬
  el sacerdote la sacerdotisa ⎭ As neben etiopesa L.
  el papa la papisa

Auf —ina:
  el gallo la gallina
  el héroe la heroina
  el javalí la javalina
  el czar la czarina

Auf iz:
  el actor la actriz
  el elector la electriz

veraltet auch pecador — pecatriz neben heutigem pecadora. canónigo bildet canonesa, cantor — cantatriz, emperador — emperatriz, príncipe — princesa, rey — reina,

2) Durch ein Wort:
   a) mit verschiedenem Geschlecht (Communia)
      el persa   la persa
      el consorte la consorte
      el testigo   la testigo
   b) mit demselben Geschlecht (Epicoena), nur bei Tiernamen: 1) männl. el milano
                          2) weibl. la liebre.

Zur Unterscheidung des Geschlechts wird macho und hembra hinzugefügt: el milano hembra, la liebre macho.

Soll bei Tiernamen das Geschlecht nicht besonders hervorgehoben werden, so wird bei Wörtern, die für Mask. und Fem. besondere Formen haben, das Mask. vorgezogen, also el perro, el gato; nur bei folgenden wird lieber das Fem. gebraucht: la mula, la zorra, la mona, la paloma, la ternera, la jaca; ebenso la Osa Mayor (Sternbild).

§ 7. B) Numerus.

Singular und Plural.

Der Plural bildet sich aus dem Singular:
1) Durch Anhängung von s an alle Substantive, die auf unbetonten Vokal endigen: hoja — hojas, clase — clases, metrópoli—metrópolis, amigo—amigos, tribu—tribus.
2) Durch Anhängung von es
   a) an alle Substantive, die auf Consonant (d, j, l, n, r, s, z) endigen, mit Ausnahme der Fremdwörter álbum — álbums: ciudad—ciudades, reloj--relojes, general—generales, alemán—alemanes, orador—oradores, mes—meses, pez—peces, wobei zu bemerken, dass die Wörter auf z dieses in der heutigen Orthographie vor e in c verwandeln: luz—luces.
   b) an alle Substantive mit betontem Vokal, also zunächst an die Vocale selbst: una a—dos aes, ees, íes, oes, úes; ferner bajá—bajaes, be (letra)—bees, alelí—alelíes, rondó—rondoes, tisú—tisúes.

Ausnahmen für a: papá—papás, mamá—mamás,
e: café—cafés, pie—pies, canapé
—canapés,
o: chacó—chacós, chapó—chapós
(letzteres Fremdwörter),
maravedí bildet maravedís, maravedíes und maravedises.
 c) an die auf ey endigenden: rey—reyes, ley—leyes,
wobei der Vokal y zum Consonanten wird.
 3) Unverändert bleiben im Plural:
  a) die Patronymica auf z, die auf der vorletzten betont sind: los Fernández.
  b) die Substantive auf s, die den Ton auf der vor- oder drittletzten haben: las crisis, los lunes, los análisis.
Accentverschiebung kommt bei der Pluralbildung nur vor in carácter—caracteres (nicht carácteres); sonst bleibt die Tonstelle stets bewahrt.

§ 8. Defektive Substantive.

Nur Singular haben:

 1) Ländernamen und Weltteile wie Alemania, Asia, mit Ausnahme von las Españas (Alt- und Neuspanien), las Castillas (Alt- und Neukastilien), las Andalucías (die verschiedenen Königreiche), las Américas (Nord- und Südamerika); natürlich stehen diese Formen nur, wenn der Plural besonders angedeutet werden soll, sonst España, Castilla etc.

 2) Namen von Wissenschaften und Künsten: la teología, escultura,

 3) Die Abstracta auf —ismo: el catolicismo,

 4) Wenige lat. Fremdwörter wie déficit, ultimátum.

Dagegen haben die Stoffnamen und Abstrakta häufig einen Plural, um verschiedene Arten desselben Stoffs auszudrücken oder in übertragener Bedeutung: la platas del Ural, un chico de esperanzas, muchas muertes.

Nur im Plural kommen vor:

 1) Die Namen von Inselgruppen, Gebirgen etc., wie

las Baleares, las Canarias, las Carolinas; los Pirineos, los Alpes, los Alpeninos.

2) Folgende Substantive:

las albricias, Botenlohn
los alicates, Kneifzange
los alrededores, Umgebung
las andas, Totenbahre
las angarillas, Tragbahre
los anteojos ⎫
las antiparras ⎬ Brille
las gafas ⎭
las arras, Ehepfand
los calzoncillos, Unterhose
las catacumbas, Katakomben
las calendas ⎫ Calenden, Iden
los idus ⎬ und Nonen im
las nonas ⎭ röm. Kalender
la carnestolendas, Fastnacht
las cosquillas, Kitzeln
las despabiladeras, Lichtscheere
las enaguas, Unterrock
las entrañas, Eingeweide
las esponsales, Verlobung
las exéquias, Leichenfeier
las expensas, Unkosten
las fauces, Schlund
los fuelles, Blasebalg

los funerales, Leichenbegängnis
los maitines, Frühmesse
los manes, die Manen
los modales, Betragen
las matemáticas, Mathematik
las nupcias, Hochzeit
las parillas, Rost
los pediluvios, Fussbad
los penates, Penaten
los pertrechos, Gerätschaften
las pinzas, Zwickzange
los postres, Nachtisch
los puches ⎫ Mehlsuppe
las gachas ⎭
las tenazas, Zange
las tercianas, Wechselfieber
las tijeras, Scheere
las tinieblas, Finsternis
las trébedes, Dreifuss
los víveres, Lebensmittel

§ 9. Verschiedene Bedeutung haben im Plural:

la aguja, Nähnadel	las agujas,	1) Nähnadeln
		2) Uhrzeiger
el alfiler, Stecknadel	los alfileres	1) Stecknadeln
		2) Nadelgeld
el amo, Herr	los amos	1) Herren
		2) Herrschaft
		(Herr und Frau)
el ánima, Seele	las ánimas	1) Seelen
		2) Abendläuten
el anteojo, Fernglas	los anteojos	1) Ferngläser,
		2) Brille

la baqueta. Ladstock	las baquetas	1) Ladstöcke 2) Trommelschlägel
el conde * Graf	los condes	1) Grafen 2) Graf und Gräfin
la corte, Hof	las cortes	1) Höfe 2) die span. Landstände
la facultad, Fähigkeit	las facultades	1) Fähigkeiten 2) Vermögen
la gracia, Gnade	las gracias	1) Gnadenbezeugungen, 2) Dank
la esposa, Gemahlin	les esposas	1) Gemahlinnen. 2) Handschellen
el grillo, Grille (Insekt)	los grillos	1) Grillen, 2) Hand-u.Fussschellen
la letra, Buchstabe	las letras	1) Buchstaben, 2) schöne Wissenschaften, Litteratur
la manilla, Händchen	las manillas	1) Händchen, 2) Armband
la víspera, Vorabend	las vísperas	1) Vorabende 2) Vesper,

* Ebenso wie conde: duque. rey, señor, tio, padre etc.

Uebertragene Bedeutung haben im Plural:
la humanidad, Menschheit   las humanidades, Schulwissenschaften
la retórica, Rhetorik   las retóricas, Spitzfindigkeiten
el celo, Eifer   los celos, Eifersucht.

§ 10. Zusammengesetzte Substantive.

Pluralbildung. Unverändert bleiben im Plural Substantive, die aus Verb (Imperativ) und Substantiv zusammengesetzt sind: el cortaplumas — los cortaplumes.

Steht jedoch das Subst. im Singular, so nimmt es die Pluralform an: el portafusil — los portafusiles, tirabuzón — tirabuzones.

Ist der erste Teil des Compositums ein Adjektiv und der

zweite ein Substantiv, so werden beide in den Plural gesetzt: gentilhombre — gentileshombres, ricohombre — ricoshombres. Sind beide Teile Substantive, so bekommt blos das letztere das Pluralzeichen: viaducto — viaductos, ferrocarril — ferrocarriles (im Volksmund auch ferroscarriles); ebenso wenn der erste Teil ein Adverb ist: semicirculo — semicirculos. Dasselbe gilt von zusammengesetzten Städtenamen: Villaviciosa — Villaviciosas.

Hidalgo (= hijo de algo) hat heute hidalgos; früher hijodalgo — hijosdalgo; ebenso hidalga, pl. hidalgas, ehemals hijadalgo — hijasdalgo.

Dieselbe Abkürzung von hijo(a) in hideputa Cs, una hi de mala hembra (Galdós), hideperro Cs.

Die Deklination des Substantivs geschieht, wie schon § 1 erwähnt wurde, mit de im Genetiv, mit á im Dativ (und Accusativ).

§ 11. Substantiv im Altspanischen.
Ueber Genuswechsel vergl. oben § 3.

Abweichungen in der Form:
1) Flexivisches e ist teilweise gefallen hinter Liquida und Muta und ch: puent, fuent, mont, muert PC part RO punt, dient, suert B noch PC; ebenso hinter v, das vokalisiert wird: clau (clavis) PM, nao (navis).
2) Häufig ist dasselbe noch erhalten, wo es heute gefallen ist, besonders hinter d: trinidade PC salude Q 125 sede B vide FJ lide A; ebenso in pane FAO pace Dr peçe A miesse B ordene, veze, huéspede virgine FJ mare PJ.
   Heute ist —e vulgär noch erhalten in Substantiven auf —'ed: huéspede = huésped.
3) Uebergang aus II in III hat statt in dem Suffix —mentum: instrumente, fallimente B argumente A sagramentes PM; auch ohne e: instrument B; ebenso in maestre A, PA argente A argent PM metge Ap (medicum).
4) Sekundäres u für o im Auslaut im Asturischen und Leonesischen: ermanu, fructu, maridu AD escandalu, partu FJ; umgekehrt o für u in tribos A.

5) Die Wörter auf —ey, wie rey, ley, grey lauten ursprünglich ree, lee etc.; alt auch fee (fidem) B, As fey FJ. Diese bilden ihren Plural auf s (nicht es wie heute), selbst wenn e schon zu i entwickelt ist: rees Dr reis FAO reys CC leis FJ reys, leys, leeys, lees A ries AH grueys PFG; ebenso buys, boys, bues FJ == bueyes.
6) A hat dío für Dios, pl. díos: das mask. zu doña lautet in FA donno; doña wird in PC vor Vocal in don abgekürzt: don Elvira, don Urraca.

§ 12. C) Modifikation des Substantivs.

a) Augmentativa.

Die Augmentativsuffixe sind ón, azo, ote; fem. ona, aza, ota: wie hombre—hombrón, hombrazo, hombrote

mujer—mujerona, mujeraza, mujerota.

Bei der Bildung verlieren die vokalisch auslautenden Substantive ihren Endvokal.

b) Deminutiva.

Es sind: ito, illo, ico, uelo: perrito, perrillo, perrico, chicuelo.

Erweiterte Deminutivendung haben durch Einschiebung von c:

1) Die Oxytona auf n und r:
ratoncito, mujercita; doch nicht durchaus, da neben jardincillo auch jardinillo zulässig ist.
2) —cc— (vom lat. —icus) schieben ein:
a) die einsilbigen auf Consonant und y:
florecita, reyezuelo, manecilla (doch auch manita)
b) die zweisilbigen, deren erste Silbe der Diphthong ei, ie, ue ist: huevecito.
c) die zweisilbigen auf ia, io, ua: langüecita.
d) die zweisilbigen auf e: probrecito.
3) —ccc— schieben ein:
die einsilbigen auf Vocal: piececito,

Anmerk. Wörter auf zwei Vocale, die nicht Diphthong bilden, wie a'iea, schieben zur Vermeidung des Hiats ein h ein: aldehuela.

on, ote, ucho sind auch Deminutiva: perdigón, islote, aguilucho.

Die Deminutivendung -in ist asturisch und in Castilien wenig gebräuchlich. -ino gehört dem Dialekt von Estremadura, -iño dem von Galizien an.

Von ón und acho können weitere Augmentativa gebildet werden: onazo und achón; ebenso von ito: itillo, ituelo.

c) Despektiva.

Es sind ejo, daneben auch ajo, aco, acho, orro und andere.

Der Gebrauch aller dieser das Substantiv modifizierenden Formen ist besonders in der gesprochenen Sprache ein sehr ausgedehnter; doch ist nicht jede willkürliche Bildung zulässig. Bestimmte Regeln darüber zu geben, ist unmöglich.

In der alten Sprache steht neben illo die Form ello und iello: cuchelo FJ; tetiellas ME castiello, almiella Ap cosiella, libriello B cochiello FJ. Die Formen auf ejo sind noch rein deminutiv, o hne despectiv zu sein: logareio B vallejo AH.

II. Adjektiv.

Zu unterscheiden sind: 1) Genus, 2) Numerus, 3) Grad, 4) Modifikation.

§ 13. Genus.

Die Adjektive auf o bilden ihr Fem. auf a, das Neutrum ist dem Mask. gleich: m. u. n. bueno, f. buena,

Dasselbe gilt von den Adjektiven auf an, on und or, die auch substantivisch gebraucht werden können: holgazán—holgazana, comilón—comilona, hablador—habladora.

Einige der letzteren haben zwei Formen für das Fem.:

   motor — motora und motriz
   generador — generadora und generatriz
   adorador — adoradora und adoratriz

Von denen auf or machen eine Ausnahme die lat. Comparative wie exterior, interior, inferior, superior, mejor, peor, mayor, menor, welche Communia sind.

Ebenso bilden das Fem. auf a die Adjektive von Völkernamen: alemán—alemana, español—española, francés—francesa, andaluz—andaluza.

Communia sind
1) Die Adjektiva auf e: fuerte.

Ausnahmen: Die auf ote und ete: grandote—grandota, regordete—regordeta.

2) Die auf a: agrícola, belga
3) Die auf í: baladí
4) Die auf Consonant endigenden: fiel, común, familiar, cortés, feliz.

§ 14. Bueno und malo verlieren ihren Endvokal vor dem männlichen Substantiv: buen hombre, mal día (auch vor weibl. Substantiv: en buen hora, en mal hora alt und noch jetzt vulgär.)

Santo vor Heiligennamen wird in San abgekürzt: San Pablo; eine Ausnahme findet statt vor den mit Do und To anlautenden Eigennamen: Santo Tomás, Santo Tomé, Santo Toribio, Santo Domingo (dagegen heissen die betreffenden Inseln San Domingo, San Tomé). San Telmo Elmfeuer steht mit falscher Etymologie für altes Sant' Elmo.

Grande wird vor männl. und weibl. Substantiven fakultativ in gran abgekürzt: gran perro und grande perro, gran casa und grande casa.

§ 15. Numerus.

Für die Pluralbildung gelten dieselben Regeln wie beim Substantiv. Auf s bilden alle Adjective, die auf unbetonten Vokal endigen: bueno, —a, buenos, —as; alle übrigen (auf betonten Vokal oder Consonanten) bilden den Plural auf es: baladí—baladíes, mejor—mejores, feliz—felices (mit derselben orthographischen Regel wie beim Substantiv. Cfr. § 7,2).

§ 16. Grade.

1. Comparativ.

Der Comparativ wird gebildet durch das Adverb más: alto — más alto.

Lateinische Comparative sind:

Von grande — mayor \
„ pequeño — menor } daneben existieren mit modifi-
„ bueno — mejor   } cierter Bedeutung die Comparative
„ malo — peor   / más grande, más pequeño, más bueno, más malo

2. Superlativ.

Man unterscheidet den relativen und den absoluten Superlativ.

Jener wird gebildet durch den Comparativ mit vorgesetztem Artikel: alto — el más alto, el mayor, el menor, el mejor, el peor; dieser durch die Adverbien muy, bien, oder die Endung ísimo: alto — muy alto, bien alto, altísimo; alt und heute vulgär auch muy — ísimo: muy altísimo; muy grandissima c. g. Daneben besteht die heutige vulgäre Bildung durch die Vorsilben re—, rete—, requete—: remalo, retebueno, requetebueno. Die vier lateinischen Comparative mayor, menor, mejor und peor haben die absoluten Superlative máximo, mínimo (als relativer Superlativ el mínimo und el más mínimo), óptimo, pésimo, neben muy grande, grandísimo etc.

Für die Bildung des absoluten Superlativs ist noch zu bemerken:

1) Die Adjektive auf co und go bilden auf —quísimo, resp. —guísimo: rico — riquísimo, vago — vaguísimo.

2) Die auf z verwandeln dieses in c: feliz — felicísimo.

(1 und 2 sind nur orthographische Aenderungen).

3) Die auf io werfen ein i aus: limpio — limpísimo, Ausnahme: agrio — agriísimo.

Ebenso bleibt betontes í: frío — friísimo, pío — piísimo.

4) Die Adjektive, die in der Stammsilbe die Diphtonge ie und ue haben, bilden dieselben zum einfachen Vokal zurück, ie zu e, ue zu o: cierto — certísimo, fuerte — fortísimo; doch

sagt die Umgangssprache auch tiernísimo, fuertísimo. — iente wird stets —entísimo: valiente — valentísimo.

5) Die auf —ble, entsprechend lat. —bilem, bilden den absoluten Superlativ auf —bilísimo: amable — amabilísimo, noble — nobilísimo.

6) Diejenigen, welche den lat. auf —er entsprechen, bilden auf érrimo; acre — acérrimo, áspero — aspérrimo, célebre — celebérrimo, íntegro — integérrimo, libre — libérrimo, mísero — misérrimo, salubre — salubérrimo, pulcro — pulquérrimo, pobre — paupérrimo (jetzt häufiger pobrísimo).

7) Entsprechend den lat. auf icus und volus (von dico, facio, volo) bilden auf icentísimo und volentísimo: benéfico — beneficentísimo, magnífico — magnificentísimo, munífico — munificentísimo; benévolo — benevolentísimo, malévolo — malevolentísimo.

8) Lat. Superlative haben auch folgende:
amigo — amicísimo, antiguo — antiquísimo, cruel — crudelísimo, fiel — fidelísimo, sabio (sapiente) — sapientísimo, sagrado — sacratísimo.

Lat. Comparative und Superlative ohne Positive sind: anterior; posterior—postrero; superior—supremo; inferior—ínfimo (und el más ínfimo, cfr. el más mínimo § 16.2); interior — íntimo; exterior — extremo; citerior; ulterior — último.

Keiner Steigerung fähig sind gewisse Adjektive wegen ihrer Bedeutung; z. B. eterno, nocturno, único etc.

§ 17. **Form des Adjektivs im Altspanischen.** Wie bei den Substantiven, so fällt auch hier ursprüngliches flexivisches e hinter Liquida und Muta (besonders bei B u. aragon.): fuert, grand PC grant pace Dr sañt Pedro CC sant Agostin ME grant alegria RO sant Mateo As dolent, fuert, grand PM; ebenso hinter z: dulz B; daneben aber felice noch bei Cs und L und poetisch noch heute.

Grant und sant verlieren später auch das t (cfr. § 14); bello wird in PM, A und AH zu bel abgekürzt: bel castillo, bel plano.

Uebergang von einer Deklination in eine andere hat statt in alemano CC dolienta ME sante TD, RH tristo PM, PJ; noch heute firme, libre rudo u. a.

Die Comparation geschieht durch mas, mais oder plus.

Auf imo statt ísimo bilden den Superl. alt fácil und húmil : facílimo, humílimo für heutiges facilísimo; (húmil ist heute veraltet).

Die lat. Comparative von
bueno lauten miyor, miior PC mellor FAO meior RO meyor B mellor, melor, meyor FJ mexor, mijor AH millor, mellor PM.
malo „ peyor ME, Ap
grande „ maor AD, A
pequeño „ minor FJ, PM

Superlative: la mas maor partida A los mas mejores AH ; Comparativ mas mayores noch in Cs.

Modifikation des Adjektivs.

Dieselbe geschieht wie beim Substantiv; man vergl. darüber § 12.

III. Zahlwort.

§ 18. A) Cardinalzahlen.

o cero 1 uno—a, 2 dos, 3 tres, 4 cuatro, 5 cinco, 6 seis, 7 siete, 8 ocho, 9 nueve, 10 diez, 11 once, 12 doce, 13 trece, 14 catorce, 15 quince, 16 diez y seis, 17 diez y siete, 18 diez y ocho, 19 diez y nueve, 20 veinte, 21 veinte y uno, 22 veinte y dos, veintidos etc., 30 treinta, 40 cuarenta, 50 cincuenta, 60 sesenta, 70 setenta, 80 ochenta, 90 noventa, 100 ciento, cien, 101 ciento y uno, 200 doscientos, docientos—as, 300 trescientos, trecientos—as, 400 cuatrocientos—as, 500 quinientos—as, 600 seiscientos, seicientos—as, 700 setecientos—as, 800 ochocientos—as, 900 novecientos—as, 1000 mil, 1001 mil y uno, 1100 mil ciento, 2000 dos mil etc., 100 000 cien mil, 200 000 doscientos, as mil, 1 000 000 un millón, 2 000 000 dos millones ; un billón, un trillón etc.

Anm. 1. y wird blos vor Einern gesetzt: treinta y uno, ciento y uno, mil doscientos y dos, diez mil cuatrocientos diez y ocho.

Anm. 2. Der Plural von mil wird nur substantivisch gebraucht: muchos miles de soldados = muchos millares de soldados.

3. uno und ciento werden vor Substantiven in un und cien verkürzt: un hombre, cien varones; beide auch vor mil: un mil, cien mil. Aber auch sonst wenn schon selten: eran más de cien los comensales (Valdés)

In der Mancha ist noch die keltische Zählung üblich: dos veintes = cuarenta, tres veintes = sesenta etc.

§ 19. Altspan. uno vor Substantiven noch nicht apokopiert: uno figo etc. in den Urkunden und den Texten des ersten literarischen Jahrhunderts. 2 dus m. u. f. FJ duos m. LA dues f. PC und duas f. FJ, A, D 163. 3 tres, 4 quatro ST quatre PM, 5 çinco, 6 seyes PC, FJ sex B, FJ ses FJ scies FJ seze B sis PM, 7 septe FJ, 8 ocho, 9 nuef PC nove FJ. 10 dies CC, PJ dize ME diz B, 11—15 bonse PA onse PJ, dose CC doize B, trese PA, quatorse PA deez é quatro FJ, quinse CC, PA; 20 vinti AD veynti AD veyente Ap veynt B vinte FJ, 30 trinta FJ, A, 40 quaranta ME, 50 cinquanta Ap, A cinquaenta FAO, A cinqueanta FJ cincoanta FJ 60 sexanta Ap, FJ sesaenta FAO, FJ, 70 setaenta AD, FJ, 90 novaenta FJ. An die Zahlwörter auf —enta schliesst sich an milenta: milenta cosas As = tausenderlei Dinge.

100 çiento, cento FJ: unverkürzt vor Substantiven: ciento caballeros PC ciento azotes FJ ciento annos PFG; verkürzt in çient: çient cavallos PC çient quintales·Ap çient veses AH; nach Abfall des t wie heute: cien hombres, cen AD. 300 tresientos CC trecentos FJ, 600 seysientos CC, 900 nuevecientos CC, 1000 mill CC, FJ.

Die alte Sprache setzt e (= y) auch vor Zehnern: 130 çiento e treynta PFG, 150 cient et cinquanta PM; im letzteren Fall ist ciento auch vor folgender Zehnerzahl gekürzt. PFG hat de miles naturas = tausenderlei, B: çien milia judios.

§ 20. Unbestimmter Artikel.

Der unbestimmte Artikel ist ursprünglich das Zahlwort uno; er heisst heute

un, m.   una, un f.

Un für una steht wie der bestimmte Artikel el für la mit denselben Beschränkungen.

Die Deklination geschieht mit de und á ohne Contraction: de un, á un, de una, á una.

In den ältesten Texten steht noch die nicht apokopierte Form uno: uno molino, uno peredo, uno linare U uno figo, uno omne Dr uno solar

FAO uno uinno RP. Una statt heutigem un vor betontem a in: una águila CC, A una agua A una ave AH; noch heute, wenn auch selten una alma. Daneben un für una auch vor andern Vokalen, betonten und unbetonten: un strela Dr, un hora PFG und selbst bei Z, un aldea O.

§ 21. B) Ordinalzahlen.

1. primero, —a. primo, —a, 2. segundo. 3. tercero. tercio. 4. cuarto. 5. quinto, 6. sexto, 7. séptimo. sétimo, 8. octavo. ocheno. 9. nono, noveno. 10. décimo. deceno. 11. undécimo, onceno. 12. duodécimo. doceno. 13. décimo tercero, décimo tercio, treceno. 14. décimo cuarto. catorceno, 15. décimo quinto, quinceno, 16. décimo sesto, 17. décimo sétimo. 18. décimo octavo, 19. décimo nono. 20. vigésimo, veinteno, 21. vigésimo primero, primo etc., 30. trigésimo, treinteno. 40. cuadragésimo. cuarenteno, 50. quincuagésimo, cincuenteno. 60. sexagésimo, sesenteno, 70. septuagésimo. setenteno. 80. octogésimo, ochenteno, 90. nonagésimo, noventeno. 100. centésimo, centeno, 101. centésimo primero etc., 200. ducentésimo. 300. trecentésimo, 400. cuadringentésimo. 500. quingentésimo, 600. sexcentésimo, 700. septingentésimo. 800. octogentésimo. octingentésimo. 900. nonagentésimo. 1000. milésimo. 2000. dos milésimo. 1 000 000. millonésimo.

Dazu el postrero, das wie primero und tercero vor männl. Substantiv sein o verliert: el postrer poema, el primer día, el tercer caballo; primero und postrero werfen fakultativ auch das a des Fem. ab: la primer vista, la postrer voluntad. Die Ordnungszahlen auf —eno sind heute nicht mehr gebräuchlich, jedenfalls nie in der Zusammensetzung mit Einern; etymologisch entsprechen sie der Form der lat. Distributivzahlen auf —eni.

In der Zusammensetzung von Zehnern und Einern kann primo neben primero und tercio neben tercero gebraucht werden.

§ 22. Im MA sind die Formen —eno sehr gebräuchlich. 1. primo FAO, B, FJ; neben primer hat FJ primier; noch nicht abgekürzt erscheint primero in primero marido FJ al primero dia AH. 2. segondo AD secundo

PM, 3. terçio B, FJ terzo FJ; nicht abgekürzt: el terçero dia SJ, AH, PFG, PJ. 7. septeno. S. ochavo RP, ST. 10. dezeno PC deçeno B deseno SJ diezmo, dezmo FJ. 11. onçeno B onzeno A. 12. doçeno B dozeno A doseno AH duodeno A. 13. treçeno B treseno AH. 14. quarto decimo B. 20. vicesimo FJ. 30. trenteno B trecesimo, tricesimo FJ. 40. quarenteno B.

§ 23. C) Distributivzahlen.

Lateinische Formen sind nur noch erhalten in sendos (= singuli), das nur im Cas. obl. gebraucht wird; sonst gebraucht man für singuli, bini. terni: uno á uno, dos á dos, tres á tres etc.; oder durch Umschreibung dos cada uno etc.

§ 24. D) Adverbialzahlen.

Die lat. Formen semel, bis, ter etc. sind verloren gegangen; sie werden umschrieben durch una, dos, tres veces (alt una vegada).

Erstens, zweitens etc. heissen primero, segundo etc. (wie die Ordinalzahlen) oder en primer lugar; zuerst primeramente.

§ 25. E) Multiplikativzahlen.

Einfach etc. 1 simple, 2 doble, duplo, 3 triple, triplice, triplo, 4 cuádruple, cuádruplo, 5 quíntuplo, 6 séxtuplo, 7 septuplo, 8 óctuplo, 10 décuplo, 12 duodécuplo, 100 céntuplo; ausserdem: ebensoviel, zweimalsoviel etc. 1 otro tanto, 2 dos veces tanto.

Für triple hat B treble, A treb; für dos veces tanto etc. sagt Ap dos tanto, FJ dos tanto, tres tanto, ST quatro tanto.

§ 26. F) Brüche.

$1/2$ un medio, $1/3$ un tercio, $2/3$ dos tercios: von $1/4$ — $1/10$ werden die gewöhnlichen Ordinalzahlen gebraucht: un cuarto, dos quintos etc. Von $1/11$ — $x/100$ wird der Grundzahl die Endung —avo angehängt: un onceavo, un doceavo, un diez y ochoavo, dos quinceavos etc.; der Schlussvokal wird elidiert vor avo nur bei den mit uno und cinco zusammengesetzten Zahlen, sowie bei den Zehnern: un veintiunavo, un veinticincavo, un veintavo, un treintavo etc. $1/100$ un cienavo, un centavo, un centésimo (abgekürzt céntimo = $1/100$ Peseta). $1/200$ un ducentésimo, aber $7/231$ siete docientos treinta y un avos; $1/1000$ un milésimo. $32/1537$ treinta y dos mil quinientos treinta y sieteavos oder besser treinta y dos dividido por mil quinientos treinta y siete.

Daneben auch la tercera parte, la quinta parte, la milésima parte etc.

§ 27. G) Collektivzahlen (Substantive).

Un par ein Paar, un terno Anzahl von drei, cuaterno, quinterno, una seisena, setena, novena, decena, docena, quincena, veintena, treintena u. s. w. wie die Ordnungszahlen auf — eno bis 100. Einhundert: un centenar, ein Tausend un millar.

IV. Pronomen.

§ 28. A) Personalpronomen.

a) Absolutes.

Sg. n.	yo	tú	él m..	ella f..	ello n.	
„ g.	de mí	de tí	de él	„	„ „	„
„ d.	á mí	á tí	á él	„	„ „	„
„ a.	á mí	á tí	á él	„	„ „	„
Pl. n.	nosotros—as, nos	vosotros—as, vos	ellos m. ellas f.			
„ g.	de „	„ de	„ de	„	„	„
„ d.	á „	„ á	„ á	„	„	„
„ a.	á „	„ á	„ á	„	„	„

Reflexiv sg. und pl. g. de sí, d. á sí, a. á sí.

In Verbindung mit con heissen 1—3 sg. conmigo, contigo, consigo (= lat. cum mecum etc.); aber Plural heute con nosotros, con vosotros.

§ 29. **Alte Formen.** 1. sg. io Dr, ME en AD; nicht dekliniert in As: el primo de yo, desdichado de yo; 2. sg. ti für tu als Nominativ in ME; sonst deklinieren die aragones. Texte de tu, á tu ME, Ap, PJ, PM. Ebenso mit anderen Präpositionen: en tu ME por tu PM con tu PJ. 3. sg. m. ell ME, Ap, B ele, elle PC, FAO, B, A, FJ elli B, FJ il FAO, FJ; f. ela; n. elo; reflexiv sise FJ (= lat. sese), acerca se FJ.

1. pl. nos, später seit dem 14. Jahrhundert nos otros ST; in As steht mos, mosotros als vulgäre Form; noch heute vulgär mus. 2. pl. vos, später vosotros. 3. pl. m. elos Dr, FAO eles FAO, AD elles FJ; f. elas.

Mit con heissen die alten Formen: 1. comigo PC, noch heute vulgär auch mit anderen Präpositionen: á migo Tor; 2. contigo 3. consigo, cumsigo FAO. Pl. 1. connusco PC connsco A connosco A con nusco AH. 2. convusco PC conbusco ME combusco B convosco A con vusco AH; später con nos, con vos As, heute con nosotros etc. In arag. Texten: con mí PJ con si PM.

Die 3. sg. und pl. wird mit Präpositionen zusammengezogen: conell Ap sobrell, antelli B sobrella, antellos FJ.

Statt der absoluten Form steht die verbundene in adolo, dola AH, C. g. = dónde (está) él, ella.

Die Anrede heisst heute usted. pl. ustedes. geschrieben V., Vs. oder Vd., Vds., vulgär ustés = ustedes.

Früher finden sich die Formen: vuestra merced, vuesa merced, vosa merced, vuesarced, su merced, usarced, usarcé, Vusted, voacé, ucé.

---

§ 30. b) **Verbundenes.**

	1. Pers.	2. Pers.	3. Pers.			
			m.	f.	n.	reflex.
Sg. dat.	me	te	le, lo	le, la	le	se
acc.	me	te	le, lo	la	lo	se
Pl. dat.	nos	os	les, los	les, las		
acc.	nos	os	los, les	las		

Verwechslung von Dativ und Accus. ist besonders in der Vulgärsprache sehr häufig; lo für le in Fern. Cab: lo roen el corazón.

Stehen zwei verbundene Pronomina nebeneinander, die beide mit l anfangen, so wird das erstere stets se; also se lo = le lo, les lo; se la = le la, les la; se los = le los, les los; se las = le las, les las.

§ 31. Alt sg. 1. dat. und acc. mi PC, Ap; 2. ti. 3. refl. si FAO, PM; pl. 1. nos, heute vulgär mus. 2. vos, bos, vulgär vus (Galdós).
3. sg. m. dat. und acc. lle, ge, ye, je, ie, gi, lly, lli, li, il
„ „ „   und n.   „ llo, o, lle, io, lu, yo
„ „ f.   dat. lle, lla
„ „ „   acc. lla
3. pl. m. und f. dat. lles, lis, ges, yes, ies
„ „ „   acc. lles, lis, llos, ges, yes
„ „   f. acc. llas

Die Formen lle, ye, je, ie kommen vorzüglich in den leonesischen und asturischen Texten vor. Stossen zwei Pronomina zusammen, so ergeben sich: gela neben sela in PC, lljla FAO lela AD lelo D 163 yelo Q 125 gelo CC, ME u. a. jela Ap ielo neben gelo B ge lo, ie lo, le lo, li lo, lle la, ye lo, gi la FJ sege A gella, gello PFG guele LA.*)

Nos und vos vor llo, lla etc. giebt nollo, vollo etc. im Leonesischen; PFG vos lo; li, lis ist die bevorzugte Form bei B, noch heute in der Rioja gebräuchlich.

Gen. ende, end, en, ne; ebenso dat. y allgemein. Sehr häufig wird das verbundene Pronomen prae- oder suffigiert: man = me an Dr lavye = lo arye Ap; todom = todo me, nos = no se, costádom, veot, diot PC quel, nomlos = no me los Dr enbiol CC pocol ME fues RO diom AH.

Assimiliert wird l an n im Leonesischen: dianno FJ ovieronno, tenienno, avienna A; in quieno, sabeno etc., wo das n nicht verdoppelt ist, kann das Suffix auch die Pronominalform o, a sein.

§ 32. Possessivpronomen.
a) Betontes.

1. el mío, la mía, lo mío   pl. los míos, las mías
2. el tuyo, la tuya, lo tuyo   „ los tuyos, las tuyas
3. el suyo, la suya, lo suyo   „ los suyos, las suyas
1. el nuestro, la nuestra, lo nuestro   „ los nuestros, las nuestras
2. el vuestro, la vuestra, lo vuestro   „ los vuestros, las vuestras
3. el suyo, la suya, lo suyo   „ los suyos, las suyas

b) Unbetontes.
1. sg. m. u. f. mi   pl. mis
2. „   „ „ „ tu   „ tus
3. „   „ „ „ su   „ sus

---

*) Zu der Entwicklung von gelo etc. zu selo trägt 1) Die verwandte Aussprache von g und s im Altsp. (cfr. die Schreibweise puge neben puse von poner.) 2) die Analogie des Reflexivs bei.

1. pl. m. nuestro—os, f. nuestra—as
2. „ „ vuestro—os, „ vuestra—as
3. „ „ und f. su pl. sus.

§ 33. Ursprünglich ist die Form beider Pronomina dieselbe. Sie werden mit oder ohne Artikel gebraucht.

Sg. 1—3. mio PC tuio B suio B; mi PC, CC tu CC su Ap; meo iu Dr, AD, B: meu, teu, seu in asturischen Dokumenten: AD, FAO. Die erste heisst bei B im fem. auch mienna (nach frz. mienne). Die 2te und 3te neben tu und su oder el tu, el su auch to und so, son in FAO, B, FJ, PC; fem. sa, pl. sas AnS; in AD tos, tas, sous; m. so f. sua D 163; tos, fem. tas in D. Bei B gewöhnlich und einzeln auch in A und AD mie, tue, sue; pl. mies, tues, sues für m. und f.; tuo, suo bei A, FAO, FJ. lus = su in FAO ist lat. illius.

Pl. 1—2. nostro FJ vostro FJ, A, daneben auch vestro in AD, PM; nosso, vosso AD, FJ (Neubildung auf nos, vos); nueso, vueso PJ mueso As, vor Vokal apostrophiert mues'amo; nostrama (Duque de Rivas).

Pl. 3. wie sg. 3. Bei FAO auch lor (illorum), bei PM, FJ, FA allgemein lur m. und f.; pl. lures.

Wie schon bemerkt, sagt man im Altspanischen el mi señor, la mi alma neben mi alma; meo amigo und el mio amigo, el tu padre, la su madre neben sua madre etc.; lo to = lo tuyo PC lo so FJ non era so FJ la culpa non era lur PM etc.

Nach dem unbestimmten Artikel steht heute stets die betonte Form, alt auch die nichtbetonte: un mi amigo, una mi carta noch bei Cs, ebenso algún tu enemigo; ebenso heute vulgär un su hijo etc., für un amigo mío, una carta mía etc.

Der Artikel vor mi, tu, su kommt heute noch in der Vulgärsprache vor: el mi hermano.

§ 34. C) Demonstrativpronomen.

	Substantivisch:			Adjektivisch:	
Sg.	éste,	ésta,	esto	este,	esta
	ése,	ésa,	eso	ese,	esa
	aquél,	aquélla,	aquello	aquel,	aquella
Pl.	éstos,	éstas		estos,	estas
	ésos,	ésas		esos,	esas
	aquéllos,	aquéllas		aquellos,	aquellas

Vor dem Relativpronomen steht als Demonstrativ die Form des Artikels: el que, la que, lo que, los que, las que.

§ 35. Ursprünglich hat das Demonstrativ sechs Formen, gebildet aus lat. iste, ipse, ille und eccum (oder ac?) iste, ipse, ille. Sie heissen:

Sg.

1. este, esta, esto   2. ese, esa, eso   3. elle, ela, elo
4. aqueste, aquesta,   aquese, aquesa,   aquelle, aquell; aquella,
   aquesto   aqueso   aquela; aquelo.

Sie erscheinen im Mask. alle auch apokopiert vor Vokal und Consonant: est año PC est prior B es dia PC aquest ME, B aques PC. Ausserdem: m. esti*) AD, Ap, B, FJ, PM isti AD, FJ iste B; essi AD esi B essy A; eli; aquesti AD, B, PM; aquesi und aqueli FAO, B; fem. aqueixa ME. — Aquel für aquella wie Artikel el für ella in aquel altura RP aquel alma SJ.

Vulgär steht noch heute este, ese und aquel vor dem femin. mit anlautendem a: de este agua no beberé (Fern. Cab.)

Pl.

1. estos, estas   2. esos, esas   3. ellos, ellas
4. aquestos—as   5. aquesos—as   6. aquelos—as.

Neben dem Plural aquestos und aquelos steht aquestes FJ aqueles AD.
Vor Relativ: elle, ela, elo FJ zo, ço FAO (ecce hoc).
Mit der Präposition en bei GV: neste, naquel, naqueste etc.; cfr. Artikel nel § 37.

§ 36. Der bestimmte Artikel.

Die proklitische Form des Demonstrativs ille liegt ausserdem dem bestimmten Artikel zu Grunde.

Sg. m. el   f. la, el   n. lo
Pl. „ los   „ las

El als weiblicher Artikel steht vor Substantiven (nicht Adjektiven), die mit betontem a od. ha anfangen: el agua, el haba.

Ausnahmen: 1) Die Buchstaben a und h: la a, la h.
2) Weibliche Vor- und Zunamen: la Ana, la Alvarez.
3) vor Haya: la Haya (s' Haag) neben el Haya.

---

*) Sekundäres i im Auslaut besonders bei B; cfr. torri, nadi, otri § 41; tardi, lonni § 94; mantinenti § 99; cutri § 103.

In der Deklination von el findet Contraction statt: g. del, d. al.

Nicht contrahiert wird de und á mit dem männlichen Artikel vor Titeln, Ueberschriften u. s. w.: de „El Liberal", á „el Imparcial". Auch sonst findet man noch heute, wenn schon selten die nicht contrahierte Form de el hombre, á el hombre in Schrift- und Umgangssprache.

§ 37. Alte Formen.

Neben den heute gültigen Formen hat das Altspanische für el m. u. f.

1) ell; Belege ell ME dell omne Ap ell otro RO a ell angel ME; ell alma ME dell espina ME ell ama Ap.

2) l an das vorhergehende Wort angelehnt: a) hinter Präpositionen: enl su cavallo CC sobrell agua ME contral rey Ap fastal B antel FJ poral A conl AH b) an ein anderes Wort: todol pueblo A mientre dural dia A sil sol A quel PM.

3) lo: in asturischen, leonesischen und aragones. Texten a lo reu, lo don, lo dedo FAO lo amor AD lo libre RO lo omne A lo rey, lo capitan PM; llo in A. Apostrophiert ist lo in lun FAO laltar ME lescudo A limperio PM.

Gegen heutigen Gebrauch steht la vor betontem a in la ama Ap la alma B la arte FJ la agua A und noch in Cs, la alma poetisch selbst in Z.

Dagegen steht el auch vor Vokal überhaupt, betontem oder unbetontem: al ora, al algara, al espada PC el strela Dr al escuela Ap el estrella RO el obrada B el avuela FJ el iglesia FJ del espada A el arena AH el huella As el armonia L el ayuda Cs; vor Adjektiv: del otra part PC el antigua CC el otra A el azerada cuchilla GC el otra meetad FJ.

Vulgär auch heute noch vor unbetontem a: el aguadora. Apostrophiert ist la in As: l'alma, l'alta nueva.

In den asturischen und leonesischen Dokumenten findet sich der Artikel o, a, os, as; dou rei FAO; o, os, ao, a, dos, aas AD os A; ausserdem elo, ela, elos, elas: elo FJ elo so D 163 ela mano, ela virtud FAO, AD, FJ, A; elos und ellos in FAO, AD, FJ, A, D 163; elas und ellas in FAO, AD, FJ, A; neben elo etc. ausserdem llo A lla FJ, A llos, llas FJ. Ebenda findet sich el für la vor consonantisch anlautendem Substantiv: del buena FJ el renta A.

In der Deklination wird gerne auch im Fem. contrahiert, sowie im Plural: alos, alas, alla cort PC ala villa Dr dela, delos FAO, Ap dela, delas U, O. Für delos steht dels in RO, ar für al in FAO. Daneben findet sich die nicht contrahierte Form de el castillo AD a ell angel ME de el rey Ap de el sieglo B a el spiritu B a el sennor FJ de el pan As (cfr. § 36).

Im Asturischen, Leonesischen und bei B werden die Präpositionen en, con, per, por, par mit dem Artikel contrahiert zu eno, ena, enos, enas; no, na, nos, nas, nel, nela; cono, cona, conos, conas; pelo, pora, pala, pola. Belege: eno FAO enna, nela, eno, ena, euos, euas AD enna, ennas, ennos, conna B enno, enna, ennos ennas, pollos, polos, conos, cona, conas, pol, pella, pellas, pe la, pelos FJ palas, pella, pelo, polla, nos, nas, conas, ena, eno, po la, na, no A pola S 93; nel in A und selbst noch in GV.

Spuren eines alten Teilungsartikels finden sich in: no nos daran del pan PC porque nol den del pan AH non tengo de trigo, non tengo del vino PFG. — Noch heute bei dar: dar de palos.

§ 38. D) Relativ- und Interrogativ-Pronomen.

a) Relativ.

Sg. und pl. que m., f. und n. (Personen und Sachen)
sg. quien pl. quienes m. und. f. (meist von Personen,
                                poetisch auch von Abstrakten)
„ el, la, lo que pl. los, las que (Personen und Sachen)
„ el, la, lo cual pl. los, las cuales („   „   „)
Sg. Gen. cuyo—a, pl. cuyos, cuyas
„ cuanto, a—os, as

b) Interrogativ.

Sie lauten wie die Relativa und unterscheiden sich von diesen nur durch den geschriebenen Accent:

    qué (nur Neutrum)
    quién   pl. quiénes
    cuál   .. cuáles
    cúyo, a „ cúyos, as
    cuánto, a „ cuántos, as.

§ 39. Beide Pronomina lauten im Altspanischen gleich. Neben que und quien steht qui von Personen und Sachen, sg. und pl., z. B. el qui PC, FAO los qui B vos qui PM su principado qui PM. — Quién wird auch als pl. gebraucht: quién son tus vecinas Cl quién son As tengo parientes con quien viva Cs quién son sus hijos L; vulgär auch heute noch.

Für de quien steht de cui in FAO.

Que schmilzt häufig mit folgendem vokalisch anlautenden Wort zusammen: ques = que es, cade = que ha de RP, cal = que al, can = que han, caun, cos C. g.

Neben quien (lat. quem) steht quin Dr, FJ, D 163 quiem AD, FJ quen PFG. — Zur Einleitung eines indirekten Fragesatzes hat B qui für (lo) que. — Der Genetiv von dem neutralen lo que und lo cual lautet don PC onde, donde CC, B on A. — Cuyo steht in B als cuio, in FJ als cuyu. —

§ 40. E) Unbestimmte Pronomina.

uno, a einer, man pl. unos, as einige
otro, a ein anderer (nie mit unbestimmtem Artikel)
uno y otro beide
el uno y el otro die beiden
uno á otro einander
uno que otro einer oder der andere
ni uno ni otro keiner von beiden
ambos, as; ambos, as á dos ⎫
entrambos, as ⎭ beide
cada m. u. f. jeder (adjektivisch)
cada uno, a ein jeder (substantivisch)
alguno, a irgend einer
ninguno, a keiner
todo ganz, all
mismo, a selbst; el mismo derselbe; Superl. el mismísimo
                              ganz derselbe
tanto, a so viel
tal ein solcher
tal — tal so — wie
un tal y un cual ein so und so
cosa etwas
no — cosa nichts
nada nichts
nadie niemand
alguien jemand
algo etwas
los, las, lo demás die übrigen, das Uebrige
fulano, a ⎫
mengano, a ⎬ der so und so
zutano, a ⎭

cual — cual der eine — der andere
cierto, a ein gewisser
cualquiera irgend einer, pl. cualesquiera
quienquiera wer immer, pl. quienesquiera
mucho viel
poco wenig

Ninguno, nadie und nada haben die Negation no, wenn sie nach dem Verb stehen, vor demselben nicht.

Alguno und ninguno werden vor männlichem Substantiv apokopiert: algún hombre, ningún hombre; cualquiera vor männl. und weibl. Substantiv: cualquier hombre, cualquier cosa.

§ 41. Das heutige nadie ist die pronominale Form von altem nado = omne nado (natus), mit Negation „niemand": non muger nada PC non omne nado PC, CC; ohne omne: nadi — no, no — nadi PC, B, A nade B; naide noch heute vulgär. Ebenso otrie, otrye Ap otri B, FJ otre Ad, Ap, FJ, A, AH, D 163 neben otro, pl. otres FZ; neben otro steht altro FAO, B outro AD, FJ pl. outres AD; Verstärkung durch ac: acotro As; mit este und ese: estotro, a, os, as; esotro FJ, As; mit elle: ellotro As; neutral al: lo al PC al Dr; alt kommt otro auch mit unbestimmtem Artikel vor: un otro B una otra PM. — Neben ambos, ambos á dos und entrambos stehen: amos PC amos á dos FJ ambos é dos FJ ambas a dues B entramos A entramos a dos PM. — Neben tal steht tale CC; verstärkt durch a in atal PC, Dr, FAO, Ap, A; ebenso neben tan(to) die Form atanto, atan CC, AH, ausserdem tan manno (tam magno) B tam manna B atamaño CC atamanna A. Heute veraltet ist sendos jeder einzelne (= singulos?): seños PC sennero B sendos B senos FJ sineros A. — Nada aus lat. nata cfr. nado; daneben res, ren, re mit Negation vor oder nach dem Verb: no—ren ME ren—non Ap res—non B nulla re ME; ausserdem niente Q 125. — Mucho, Nebenformen: muito AD, AH; daraus die Abkürzung muy als Adverb; mocho, muecho FJ muncho AH, und heute vulgär. — Alguien substantivisch, daneben algun FJ; letzteres ist heute meist adjektivisch; dalquiem mit d—Vorschlag AD. — Mismo, daneben meismo AD mesmo B (bis ins 18. Jahrhundert) meysmo FJ; misme m., f. und n., pl. mismes B, meisme FAO. — Poco, daneben pouco FJ pueco FJ. — Neben uno „man" steht altspan. ome PC omne B, FJ, A homen AH; neben algo: alguandre (aliquantum mit euphon. r), mit Negation = nichts, neben algunos: alguantos B. — Nullo und ullo heute veraltet: nulla PC nulla— no PC nul vezino FAO null ME non nulla ME nuyll Ap non nul

B nul embargo A; sin ulla dubda PC. — Cada auch ohne uno substantivisch: cada a su logar PFG; mit uno auch adjektivisch: cada un castiello, cada una cibdad FJ cada uno capitan PM, pl. cadannos PA; mit Artikel: cadal dia jeden Tag; neben cada uno: cascun B cascuno, a PM, pl. cascunos, as PM; in cadaguno PJ erklärt sich das g durch die arabische Transscription. — Alguno und ninguno: dalguno, denguno Q 125 mit d—Vorschlag; nenguno, neguno, deguno und heute vulgär denguno; die Apokope ist alt fakultativ: alguno escandalo FJ ninguno omne FJ nenguno saber RP; ausserdem algum FJ algund, ningund, algunt, ningunt als Mask. und Fem. vor Vokal und Consonant: algund arte RP ningund damno FJ ningund frio A ningund hora AH. — Todo steht nicht immer mit Artikel: de todas gentes Dr todos santos PA todos dias PM; wirft o und a ab vor Vokal und Consonant: tod el primer colpe PC tod el mundo PC tod esta cort PC toth omne FAO tot omne B tod omne, tod el pueblo FJ tod lo menudo AH; Nebenform tuedo Q 185; pl. vor Artikel todalas cosas etc. Q 185. — Neben cual — cual steht qui — qui B. — Nebenformen von quienquiera, cualquiera: qualque FAO, PM cualque cosa noch in As; quiquiere, quelquiera, quequier, sivelque, sibelque, sivuelqual B qualquequier FJ quisquier, quiquier A qualsequier B cualquiere As cualisquier cosa noch heute vulgär; quequiera qui B = cualquier cosa que.

V. Verbum.

§ 42. Die einfachen spanischen Verbalformen stehen an Zahl hinter den lateinischen zurück; schon im Vulgärlatein schwanden:
1. Die Infinitive des Perfekts und Futurums (statt amavisse sagt man habere amatum, und habere de amare für amaturum esse).
2. Das Particip des Futurums amaturus; nur als Adjektiv bis heute futuro; ebenso das Supinum amatum, —u; das Gerundiv amandus, a, um und die Formen des Imp. Fut. auf — to, tote.
3. Das alte Futurum und Conditional cfr. § 45.
4. Die einfachen Passivformen durch Verschiebung der Tempora: amatus sum = amor (schon in den Klassikern zu belegen), amatus eram = amabar; Futurum schwindet wie im Aktiv, ebenso der Conj. Imperf. amarer.

§ 43. Die Deponentia und Semideponentia werden zu aktiven Zeitwörtern: imaginari — imaginare, jocari — jocare (schon bei Plautus zu belegen), soleo — solitus sum zu soler. Die der I. bleiben in I; von denen der II. ist im Spanischen keines erhalten, mereri wird inchoativ merecer; III. mori und sequi gehen zur IV. über: morir, seguir; nasci gibt nascere; die der IV. lat. bleiben in der III. romanischen: mentiri — mentir, metiri — medir, partiri — partir.

Häufig ist die Bildung eines neuen Verbs auf dem Part. pass. (Frequentativa): usar (utor, usus), osar (audeo, ausus); ebenso torrere zu tostar, (de)spondere zu desposar; ausserdem ist beliebt die Bildung von Compositis mittelst Vorschlag von Präpositionen.

Die Verba anomala haben verschiedene Schicksale: ferre kommt blos in Compositis vor; an seine Stelle tritt levare und trahere; velle, posse werden zu volére, potére; nolle und malle schwinden. Ire ist defektiv, und wird teilweise durch vadere ersetzt; queo, nequeo, fio, ajo, inquam, fari, coepi sind verloren; meminisse wird durch memorare, novi durch cognoscere, odisse durch odiare ersetzt.

Inkremente finden sich besonders bei Verben der 2. lat.: miscere wird misculare, studere — studiare, augere — augmentare.

Die alten Inchoativformen sind fast alle verloren; doch werden zahlreiche einfache Verben mit —escere neu gebildet: florere zu florescere etc. Diese Entwicklung ist im Spanischen zu Anfang der literarischen Zeit noch nicht zu Ende, da noch gradir neben gradescer etc. steht.

§ 44. Bei zahlreichen Verben findet Uebergang aus einer Conjugation in eine andere statt: schon im Lat. lässt sich belegen ĕre zu ēre. Im Span. durchweg: cápere — cáper — cabér etc. Beispiele: Aus III zu I mejere — mear (einzelner Vorgang); aus I zu II selten: ester, yoguer. Am häufigsten ist der Uebertritt aus II und III zu IV:

Aus II: complere   — cumplir
         abolere   — abolir
         persuadere — persuadir
         ridere   — reir
         lucere   — lucir
         hærere   — herir
Aus III: minuere   — minuir
         —cludere   — cluir
         —stituere   — stituir
         vivere   — vivir
         fugere   — huir
         parere   — parir
         dividere   — dividir
         fundere   — fundir
         petere   — pedir, in Compos. —petir
         —sistere   — sistir
         rumpere   — rumpir (als Simplex romper)
         —vertere   — vertir (als Simplex verter)
         scribere   — scribir
         cingere   — ceñir
         frigere   — freir

plangere	— plañir	parcere	— parcir
regere	— regir	frangere	— frangir
tingere	— teñir	—sumere	— sumir
dicere	— decir	gemere	— gemir
—ducere	— ducir	fallere	— fallir
fingere	— fingir	—quærere	— quirir
constringere	-- costreñir	—ferre	— ferere — ferir

Besonders in alten nordwestlichen Texten ist die II. aus latein. 2 und 3 bevorzugt: sofrer, dizer, aduzer, viver, escrever FJ, FAO, A rejer PA combater B reñer As discerner C. g.; selbst oyer = oir FJ.

Daneben ist die III. bevorzugt in: exercir C. g. veyr Ap, PM seyr PM tenir PM; tollir, avir FJ crescir FJ descendir C. g. vendir, perdir D 163 vençir, defendir Q 125 cair As creyr A.

§ 45. Es fallen zusammen:
amaro, amare (=amarim) und amare (=amarem) also Fut. exact., Conj. des Perfekts, und Conj. des Imperfekts; daran schliesst sich eine Verschiebung der Tempora: der Conj. Perf. verschmilzt mit dem Fut. exact. in allen Personen und verdrängt in der 1. die Form amaro, die nur noch in B vorkommt.

In zusammengesetzten Verben herrscht die Neigung, den Stammvokal zu betonen: renégo für rénego.

Die einzelnen Verbalformen gestalten sich folgendermassen:
§ 46. Präsens.
Vulglat. (Abfall von auslautendem m, î zu e, ŭ zu o, nachtoniges u und i zu o und e);

    I amo, amas, amat, amamos, amates, amaut
    II temo, temes, temet, tememos, temetes, tement
    III vendo, vendes, vendet, véndemos, véndetes, vendout
    IV parto, partes, partet, partimos, partites, partont.

1 der 2. und 4. lateinischen hat o statt eo und io in der grossen Mehrzahl der Verben; ebenso die i—Stämme der 3.: temeo wird zu temo, partio zu parto, facio zu faco; dasselbe gilt von 6: partunt für partiunt; erhalten ist e, resp. i nur in valeo, soleo, salio, denen sich tollo; in teneo, venio, remaneo, denen sich pono anschliesst; ferner capio, sapio, yaceo, placeo, habeo; ob audio in oyo zu erkennen ist, bleibt zweifelhaft, da audo die Form ŏo ergiebt und y zur Vermeidung des Hiat eingeschoben sein kann (cfr. § 67). Daran schliessen sich asio, ferio, perdeo, in asgo, firgo, perzo. Mit Ausnahme der auf —n auslautenden Stämme kommt überall auch die Form mit einfachem o vor. 3 und 6 erhalten ihr Schluss—t bis zum Anfang der litterarischen Zeit teilweise. 4 und 5 der III. verlegt nach Analogie der

übrigen Conjugationen den Accent auf die vorletzte: véndemos zu vendémos, véndetes zu vendétes. 6 tement und vendont bestanden anfangs noch getrennt neben einander, später verdrängt erstere Form die letztere vollständig. Dadurch fiel die 2. und 3. Conjugation zusammen und bildete sich die II. iberisch-romanische. Dann wurde auch partout durch partent verdrängt, so dass die roman. II. und III. sich in Iberien nur in 4 und 5 noch unterscheiden. Nach Erweichung der Tenuis zur Media (Kaiserzeit) wird 5 zu amades, temedes, partides.

Die Verba auf —co bewahren in 1 zunächst den Laut der Muta; doch wird schon in vorlitterarischer Zeit 1 an 2—6 augebildet: venzo, venzes etc. = venco, vences; ebenso die auf go: dirigo zu dirijo. Die auf —angere und —ingere haben in den ältesten Texten noch die Muta: tango, plango etc., später taño, plaño; constringo — constriño.

Der Conjunktiv des Präsens schliesst sich an den Indik. 1 an, also tema, temas etc. statt temea, parta für partia etc.; ebenso venza für venca, dirija für diriga; tanga, planga, später taña, plaña mit Anschluss an 2—6.

Der Conj. Präs. von esse, stare, dare, heisst im Vulglat. sia und sie, stea, dea.

§ 47. Imperfekt (Ind.)
I auf —aba   II auf —ea   III auf —ia

Temea und vendea fallen in II zusammen; später wird —ea von —ia verdrängt. Die proparoxytone Betonung von 4 und 5 ist wohl schon italisch, da in der ital. Volkssprache ebenfalls amávamo, amávate betont wird.

Perfekt.
§ 48. a) Schwaches. I amai, amasti, amaut, amamos, amastes, amaront.

III partii, partisti, partiut, partimos, partistes, partiront.

In II ist Neubildung vorhanden: Typus crédidi und véndidi mit Betonung auf der vorletzten: credédi, vendédi; daneben bestehen die Verben der II. auf do, ndo, bei denen Perfektstamm = Präsensstamm. Nach Ausfall der intervokal. Media entsteht: vendei, vendeste, vendée, vendemos, vendestes, venderont; 1 und 2 schliessen sich um so leichter an 1 und 2 in III an, als die Verben der II. auf do und ndo, wie defendo, ihr Perfekt auf —i, —iste bilden; defendi, defendiste, wobei in 1 der Accent unter Einwirkung von 4—6 verlegt wird: defendí, defendiste etc. 3 schliesst sich an 3 in I und III an: amó, partío; es wird vendéo. Schliesslich verlegen vendéo und partio nach Analogie von amó den Accent auf die letzte: vendeó, partió, wobei erstere Endung durch letztere verdrängt wird. 4—6 diphtongieren in der Gothenzeit: vendiémos, vendiéstes, vendieron; diese Formen mischen sich mit III partimos, partistes, partiron; 4—5 bleibt von III, 6 von II für beide Conjugationen.

§ 49. b) Starkes. Die Zahl der starken Verben geht zurück; zur Zeit der Eroberung Iberiens besass die lat. Volkssprache noch weit mehr starke Perfektformen als das Alt-Spanische; das Aufgeben derselben ist der spanischen Sprache besonders charakteristisch; man vergleiche die Abnahme ihrer Zahl seit Anfang der litterarischen Zeit bis heute. — Zunächst gehen die starken Formen der I. und IV. lat. zur schwachen Conjugation über, z. B. domare, sonare, lavare; aperire; andere starke Formen der II. und III. schliessen sich an crédidi, véndidi an (cfr. oben).

Von denen auf —i sind erhalten: dedi, steti, feci, vidi, veni; daran schiesst sich exii. Auf —si: dixi, duxi, quæsi, traxi, cinxi, remansi, misi, risi, scripsi, destruxi; dazu kommen prensi, responsi, beide vom Part. pass. beeinflusst; tanxi mit Anschluss an planxi; fuxi (v. fugere) nach destruxi. — Auf —ui: habui, sapui, placui, jacui, posui, potui, tenui; daran schliessen sich capui nach sapui, credui, sedui, parescui, nascui. Nach letzterem trascui, viscui mit Metathesis aus traxui, vixui. — Auf —evi: crevi, auf —ovi: cognovi.

3 nimmt in allen starken Formen das o der schwachen an.

§ 50. Conjunctiv des Imperfekt, Perfekt und Futurum exactum. fallen in 2—6 formell zusammen (nach Angleichung des Accents von 4 und 5); 1 amavero = amaro und amaverim = amare bestehen neben einander noch bei B; heute ist nur letztere Form im Gebrauch. An Stelle von Conj. Imperf. tritt Conj. Plusq. amavissem = amase. Ebenso in II und III, wo diese Formen sich an Perfekt 3 und 6 anlehnen.

§ 51. Plusquamperfekt.

Amaveram = amara etc. erfährt Bedeutungswechsel, sofern es mit amase fast gleichbedeutend wird. Doch lebt die Form als eigentliches Plusquamperfekt im Altspanischen fort, und wird auch heute noch in diesem Sinne gebraucht.

§ 52. Futurum und Conditional (Conj. Imperf.) sind geschwunden; dafür gebraucht die Volkssprache Präsens und Imperfekt; später werden beide Formen neugebildet aus habere und dem Infinitiv des Verbs: Fut. habeo amare und Condit. habebam amare, altsp. he amar, habia amar, dann amar—he, amar—habia und amar—hia.

§ 53. Infinitiv.

I amare   II temere   III partire

mit Schwund des flexivischen e: amar, temer, partir. Far ist = fa(c)re mit Schwund von c, fer = facre mit Vokalisierung desselben: faire; dir = di(c)re.

Gerundium.

  I amando II temendo III partiendo
Später wird II durch III verdrängt.

Imperativ.

Zunächt liegt zu Grunde der latein. Imparativ:
  I ama II teme III parti
  amate temete partite

Für 5 tritt dann auch 5 vom Präsens ein: amades, temedes, partides; heute ist diese Form wieder geschwunden.

Von den Imperativen dic, duc, fac, fer ist nur dic in di, fac in fay (= fá mit paragogischem y) geblieben; daneben face zu faz.

§ 54. Die zusammengesetzten Zeiten werden mit habere und esse und dem Partic. pass. gebildet; esse ist noch im Altspan. bei der Conjugation der intransitiven Verben neben haber gebräuchlich: es entrado, es ido, es caido, es tornado, es nacido etc. Heute fast durchweg nur ha nacido, wenn auch die alte Form hie und da noch getroffen wird.

Durch Verschiebung fallen die passiven einfachen Formen: amatus sum amor etc.; es erhält sich nur das

Particip perf. passiv.

a) schwach
  I amato II temito und vendito III partito
     (aus temito, vendito
     mit Anschluss an III).

Neben der Endung ito, später ido, von II existiert udo als Uebertragung von den Verben auf —uere: temudo, vendudo; diese Form schwindet im MA.

b) stark. Die Zahl der starken Formen auf —sum und —tum geht zurück, wie die der starken Perfekte (cfr. oben). Die meisten von den im MA noch starken Participien sind heute schwach.

§ 55. Infinitiv.

Die drei regelmässigen Conjugationen endigen auf
  I -ar II -er III -ir
  amar temer partir

In der Torerosprache schwindet das auslautende r: amá etc. In der Zigeunersprache ist nur die erste regelmässige auf ar vorhanden: chorar.

Spuren von ursprünglichem flexivischem e finden sich in pechare, teniere FJ; alandare PC steht in der Assonanz und ist wie demandare RP und holgare RCd nur rythmische Silbe.

In FJ erscheint der Infinitiv auf —er öfters diphthongiert: temier, fazier; ebenso in III ferier. Vielleicht entsprechen diese Formen dem portug. persönlichen Infinitiv.

Facere und dicere haben neben dem Inf. facer und decir eine abgekürzte Form: far PC, Ap, B fer ME, Ap, B her As; dir PM.

Auf dem Perfektstamm sind neu gebildet: tover L vesquir PFG.

§ 56. Praesens.

Ind. I
1 amo
2 amas
3 amat, ama
4 amamus, amamos
5 amades, amaes, amais
6 amant, amam, aman

II temo
temes
temet, teme
tememus, tememos
temedes, temés, teméis
tement, temem, temen

III parto
partes
partet, parte
partimus, partimos
partides, parties, partis
partent, partem, parten

Conj. 1
ame
ames
amet, ame
amemus, amemos
amedes, amés, améis
ament, amem, amen

II tema
temas
tema
temamos
temades, temaes, temais
temant, teman

III parta
partas
parta
partamos
partades, partaes, partais
partan

Das t von 3 und 6, das sich im Präsens, Perfekt und Futurum findet, ist erhalten in FJ, Dr u. a.; sonst steht noch in RP. 4 mus mit secundärem u in AD. 5 —d— gefallen seit dem Ende des 14. Jahrhunderts: amaes, temés, partís (tollíes in PC); im 15. schon amais etc. In Conj. 5 wird —atis zu ats, az bei: vollaz AH digats PM comaz JT. As. 6 auf —m in Q 125.

Die Zigeunersprache wirft die Flexionsconsonanten n und s ab: 1 choro 2, 3, 6 chora 4 choramo 5 chorai

§ 57. Veränderung des Stammvokals e und o:

Alle Verben der I. und II., deren Stammvokal ursprünglich ĕ und ŏ ist, diphthongieren denselben in den stammbetonten Silben zu ie und ue:

ie:

Präs. ind.		Präs. conj.	
I acierto	II defiendo	I acierte	II defienda
aciertas	defiendes	aciertes	defiendas
acierta	defiende	acierte	defienda
acertamos	defendemos	acertemos	defendamos
acertais	defendéis	acertéis	defendais
aciertan	defienden	acierten	defiendan

ue:

I acuerdo	II muevo	I acuerde	II mueva
acuerdas	mueves	acuerdes	muevas
acuerda	mueve	acuerde	mueva
acordamos	movemos	acordemos	movamos
acordais	movéis	acordéis	movais
acuerdan	mueven	acuerden	muevan

Dazu gehört auch jugar für altes jogar.

§ 58. Im Altspan. ist auch der einfache Vokal noch häufig; e für ie in pensso PC entendes Dr defenda FAO perde FAO comença ME entendo Ap comença RO defendi B perda FJ pense FJ emende FJ pensa A quebra DM; o für ue: rogo AD, B mostre FJ esforcen FJ move FJ solen FJ acordan FJ jogan A probe FJ. Daneben steht der Gebrauch des Diphtongs noch ausgedehnter als heute, er steht für lat. ī, ĭ, ē, ŭ, ō besonders in nordwestl. Texten; ie für heutiges e in: viende AD tiema S93 vienze S93 pienden

B tiemen FJ diexe (= deje) FJ presienten, entriegue FJ prienden FJ dieze ME; ue für o; tuerne, ruempe, puenen FJ; i für ie und u für ue: quibra C.g.; cunto A cunta FZ. Die Diphthonge dringen auch in unbetonte Silben ein: encierradas FJ defiendemos, defiender, presientar, miembraban, tiemer, viencer FJ yerrados PJ; muestró, fuerzó, ruegado, muestrar, ruemper FJ ruegó PJ cuentar A rueguemos PJ recuestado As. Noch heute diezmar neben dezmar, impacientar u. a. durch Beeinflussung von diez, paciente.

§ 59. Die Verben der III. mit dem Stammvokal ĕ und ŏ haben doppelte Conjugation; es existieren neben einander im Altspanischen folgende Formen:

Infinitiv.

vistir B	neben	vestir	nuzir B	neben	nozir Ap
pidir FJ	„	pedir	tullir FJ	„	tollir FJ
sintir A	„	sentir	murir	„	morir
hinchir As	„	henchir	pulir	„	polir

Präsens.

repinteME	neben	repiente	tullan FJ	neben	tuellan FJ
piden	„	pieden FJ	nuzo B	„	nueze AP
siguen	„	sieguen A	sufre	„	suefre A
sirven	„	sierven FJ	descubres	„	descuebres A
midan	„	miedan FJ	encubra	„	encuebra FJ
pidimos PC	„	pedimos			

Imperfekt.

sirvia PC	neben	servia	durmia C.g.	neben	dormia
firien PC	„	ferien			
vistie ME	„	vestie			
mintie Ap	„	mentie			
pidie B	„	pedie			
siguien B	„	seguien			

Perfekt und abgeleitete Formen.

mintiste PC	neben	mentiste	durmieron	neben	dormieron A
pidiemos Ap	„	pediemos	durmiesen	„	dormiesen B
pidiestes Ap	„	pediestes	muriesen	„	moriesen
pidió	„	pedió AD			
rindió	„	rendió B			

vistió	„	vestió A
sintió	„	sentió A
sirviessen	„	serviessen A
firió	„	ferió A
siguió	„	seguió AH

Gerundium

pidiendo neben pediendo B, CC durmiendo neben dormiendo CC
rindiendo „ rendiendo B

Partic. pass.

pidido B neben pedido

Imperativ

firid PC neben ferid

Es ergibt sich also folgende Conjugation: *

a) für ĕ

sintir	sentir	pidir	pedir
Präsens Ind.			
sinto	siento	pido	piedo
sintes	sientes	pides	piedes
sinte	siente	pide	piede
sintimos	sentimos	pidimos	pedimos
sintides	sentís	pidides	pedís
sinten	sienten	piden	pieden
Conj.			
sinta	sienta	pida	pieda
sintas	sientas	pidas	piedas
sinta	sienta	pida	pieda
sintamos	sentamos	pidamos	pedamos
sintais	sentades	pidais	pedades
sintan	sientan	pidan	piedan
Imperf. Ind.			
sintia	sentía	pidia	pedía

---

* Der grösseren Uebersichtlichkeit wegen stellen wir bei der Conjugation dieser Verben alle Zeitformen zusammen.

Perfekt

sintí	sentí	pidí	pedí
sintiste	sentiste	pidiste	pediste
sintió	sentió	pidió	pedió
sintimos	sentimos	pidimos	pedimos
sintistes	sentisteis	pidisteis	pedisteis
sintieron	sentieron	pidieron	pedieron

Abgeleitete:

sintiese	sentiese	pidiese	pediese
sintiera	sentiera	pidiera	pediera
sintiere	sentiere	pidiere	pediere

Inf.

sintir	sentir	pidir	pedir

Gerund.

sintiendo	sentiendo	pidiendo	pediendo

Part. pass.

sintido	sentido	pidido	pedido

Imparat.

sinte	siente	pide	piede
sintid	sentid	pidid	pedid

b) für ŏ

Präsens

durmo	duermo	*nuzo	nuezo
durmes	duermes	nuces	nueces
durme	duerme	nuce	nuece
durmimos	dormimos	nucimos	nocimos
durmís	dormís	nucides	nocís
durmen	duermen	nucen	nuecen

Conj.

durma	duerma	nuza	nueza
durmas	duermas	nuzas	nuezas
durma	duerma	nuza	nueza
durmamos	dormamos	nuzamos	nozamos
durmais	dormais	nuzais	nozais
durman	duerman	nuzan	nuezan

* Heute veraltet; Reste dieser Conjugation sind nicht mehr vorhanden.

Imperf. Ind.

durmia   dormía   nuzia   nozia

Perfekt etc. genau wie oben.

Daneben her gehen Verben ohne Diphtong mit doppeltem Infinitiv, wie ceñir und ciñir, odir und udir:

Präs. Ind.

ceño	ciño	*odo	udo
ceñes	ciñes	odes	udes
ceñe	ciñe	ode	ude
ceñimos	ciñimos	odimos	udimos
ceñís	ciñís	odís	udis
ceñen	ciñen	oden	uden

Conj.

ceña	ciña	oda	uda
ceñas	ciñas	odas	udas
ceña	ciña	oda	uda
ceñamos	ciñamos	odamos	udamos
ceñais	ciñais	odades	udais
ceñan	ciñan	odan	udan

Imperf.

ceñia   ciñia   odia   udia

Perf.

ceñí	ciñí	
ceñiste	ciñisti	
ceñó	ciñó	Ebenso.
ceñimos	ciñimos	
ceñisteis	ciñistes	
ceñeron	ciñeron	

Abgeleitete

ceñese, ceñera, ceñere — ciñese, ciñera, ciñere

---

* Der einzige Rest dieser Conjug. ist heute pudrir oder podrir: pudro, pudres, pudre, podrimos, podrís, pudren; Conj. pudra, pudramos etc. Sonst ist nach einer willkürlichen Bestimmung der Academie u erhalten: pudría etc. zur Unterscheidung von podría (von poder).

Inf.

c e ñ i r ciñir

Gerund.

ceñendo ciñendo

Part. pass. Ebenso.

ceñido ciñido

Imperat.

ceñe ciñe

ceñid ciñid

Einige Verben, die ursprünglich den Diphthong in betonter Stammsilbe haben (lat. ĕ), wie pedir, seguir, servir, vestir, gemir, regir, impedir, schliessen sich heute an ceñir an.

Nach obiger Zusammenstellung ergeben sich für die heutige Conjugation folgende Regeln:

ie, resp. i steht in betonter Stammsilbe: siento, sientes, siente, sienten; pido, pides, pide, piden; sienta, —as, —a, —an und pida, —as, —a, —an.

i steht: bei a oder unbetontem i in folgender Silbe; sintamos, sintais; sintiendo; sintió, sintieron; sintiese, sintiera, sintiere. — Pidamos, pidais, pidiendo; pidió, pidieron, pidiese, pidiera, pidiere.

e steht: bei betontem i in nächstfolgender Silbe: sentimos, sentís; sentía etc.; sentí, sentiste, sentimos, sentisteis; sentido; sentir, und in den abgeleiteten sentiré etc., sentiría etc.; ebenso pedimos, pedís etc.

Dieselben Regeln gelten für ue, u—o.

Manche dieser Verben, die altspan. e oder o im Stamm haben, conjugieren heute durchweg mit i resp. u; z. B. recibir, sufrir statt alt recebir, sofrir; ebenso adquirir und inquirir, die heute in stammbetonter Silbe den Diphthong haben.

Das Verbum erguir gehört noch heute beiden Klassen an: Präs. irgo, irgues, irgue, irguen und

yergo, yergues, yergue, yerguen; ebenso Conj. irga und yerga etc. (cfr. dazu § 69, 7, Orthogr. Aenderungen).

§ 60. Paragogisches y haben heute 4 Verben in 1, nämlich stare, dare, vadere, esse, deren 1. sg. präs. einsilbig ist; alt auch sapere und habere cfr. § 62. Ind. 1 estó Ap, PA, AH, RP dó daneben don AD só Dr, CC, B; hinter ó wird e entwickelt: soe A, später daraus - y: estoy*), doy, soy; daran schliesst sich vo PC. As. contrahiert aus vao AD: voy. Ob so aus sum entwickelt ist, bleibt zweifelhaft, da dieses regelmässig son ergäbe; sonst wäre so contrahiert aus seo - sed(e)o**). Estó und dó haben 2—6 regelmässig: estás, das etc. So: 2 eres 3 e, he AD, FJ est ME ye FAO, AD, FJ, yes FJ, D 163 hes ST es 4 somos 5 sodes (Assimil. an somos) Dr, CC, B, A soes DM, PM sos PJ. As sois 6 sont AD, RP som, sum Q 125 son. Vo: 1 vao AD vo PC. As voy 2 vas 3 va, daneben vaye FJ vay AD, A; daraus ve AD und heute vulgär (¡ahí ve!) 4 vamos 5 vades CC vais 6 van.

§ 61. Von diesen Verben gehen im Conj. zusammen: estar, dar, ser.

Vulglat. *sia und *sie. *dea. *stea.

ser: 1 und 3 sia FAO, ME, PM, FA, Ap sya PA, RP sie D 163 2 sias PJ 6 sian PM, FA siant FAO sient FAO.

estar: 3 estia FJ 6 estien AD, FJ.

dar: 3 dia FAO, AD, FJ die FJ dye Q 185, daneben dey FJ, Q 185 mit paragogischem y; 5 diades AD 6 dian FAO, AD dien FJ.

Heute wird der Conj. präs. von ser durch sed(e)am ersetzt:

sea, seas, sea, seamos, seais, sean.

Estar und dar haben regelmässig:

esté, estés, esté, estemos, estéis, estén
dé, des, dé, demos, déis (dedes), den

---

*) y durch e nach —ó (nicht im Perf. 3) und —é; cfr. hey § 62, 2 sey ibid.; amarey § 82.

**) Cfr. seo § 67.

Vadam wird: 1 und 3 vaa FAO vaia FAO vaya*) 2 vayas
4 vaymos PC vayamos 5 vayades PC bayaes DM
vays GC vais Cs. letzteres noch heute vulgär, vayais
6 vadant. vaiant FAO vayan. Die Form des Imperativs 4 ist vamos statt vayamos.

§ 62. Verba, die in der 1. sg. —co, resp. —io
erhalten haben:
1) Die mit stammauslautender Liquida l und n:
valeo, soleo, salio; daran schliesst sich tollo
teneo, maneo, venio; „   „   „   pono
valeo — valjo, j zu g verhärtet valgo, Conj. valja — valga
salio — saljo „ „ „   „   salgo,   „ salja — salga
 Soleo hat ausserdem den Diphthong:
soleo — soljo, j zu g verhärtet suelgo, Conj. soleam — suelga
tollo — tolljo „ „ „   „   tuelgo,   „ tolleam— tuelga
teneo — tenjo „ „ „   „   tengo,   „ teneam — tenga
venio — venjo „ „ „   „   vengo,   „ veniam — venga
 Die beiden letzteren auch mit Diphtong tiengo, viengo;
und i: tinga, vingua FJ:
remaneo—remanjo „   remango, „ remaneam—remanga
pono — ponjo   „ ..   „ pongo, .. poneam — ponga
 Davon sind heute erhalten: valgo, salgo, tengo,
vengo, pongo; Conj.: valga, salga, tenga, venga,
ponga, pongas etc.
 Alle auf l autlautenden Stämme haben alt auch die Form
auf —o statt —eo: valo Ap. AH vala PC, FAO, Ap. Cs, daneben
ausserdem mouilliertes ll: valla FJ, PA vallau SJ; sala FJ;
suelgo A neben heutigem suelo; tuelga AH tuelgan B. FJ,
daneben ll: tuellan FJ. 2—6 sind regelmässig: vales, sa-
les, sueles etc. — Die auf —n kommen nie ohne g vor.
Tener und venir haben heute den Diphthong in 2—6, alt auch
in 1 (cfr. oben): tienes, tiene, tienen; vienes, viene,
vienen. Alt kommt der Diphtong auch bei poner vor:
puenga Q 125 puenen FJ.

---
*) Ueber das y cfr. § 67.

2) Die Verben capio, sapio, yaceo, placeo, habeo; durch Attraktion des i in die Stammsilbe entsteht: caipo, saipo, yaico, plaico, haibo.

caber: quepo Conj. quepa, quepas etc.
saber: sepo „ sepa, sepas „
yacer: yego „ yega, yegas „
placer: plego „ plega

Heute nur noch q u e p o, q u e p a; sepo wird apokopiert zu s é, aber Conj. s e p a, s e p a s etc.; mit paragogischem y: sey in DM, A; daran schliesst sich h e = hebo (cfr. yebe AD = habiat); plega im Conj. ist heute ebenfalls noch gebräuchlich. 2—6 regelmässig: cabes, sabes, yaces, places etc. Ohne Attraktion hat saber die Form sabea FJ; daneben von sapo, sapam: sabo PJ saba FJ sabba D 163 sabades A saban FJ sabant AD.

Placer und yacer haben ausserdem die placa und yaca entsprechenden Formen plaga und yaga; plagan, iagan B yagna PFG. Daneben mit Anschluss an nacer: plazco, bei Cs prazga; yazco und yazgo; placer bildet einen Conj. plegue von plegar (= placiare), cfr. dazu das Perf. plegó B; mit nicht attrahiertem i: plasia PM (cfr. dazu sabea FJ oben).

Heute p l e g a, p l e g u e und p l a z c a
y a g o, y a z c o, y a z g o, Conj. y a g

Habeo: 1 aio AD e B hey A ey A, AH, die beiden letzteren mit paragogischem y; h e 2 h a s, as 3 h a, a 4 h e- m o s 5 hedes CC 6 h a n, an Dr hant AD ant FJ ham Q 125.

Daneben die vollen Formen: 2 aves B 3 ave B, auch unpersönlich = h a y, h á; 4 havemos B avemos PC, Dr 5 avedes B, Dr avés DM h a b é i s 6 aven B. Neben der contrahierten 4 und 5 hemos, heis steht heute vulgär hamos und bei Z hais; habemos ist heute nur poetisch, von den vollen Formen ist hier habéis geblieben. Das unpersönliche hay, há lautet alt auch a Dr ay CC ha A ai AH ave CC, ME, B, RP.

Conj. 1 und 3 aia FAO aya ME haja GV; heute vulgär mit Anschluss an caiga, traiga (cfr. § 67): haiga; h a y a, 2 h a y a s 4 ayamos RO h a y a m o s 5 ayades CC aydes PC h a y a i s G aian C h a y a n; daneben 3 yebe AD (flex. a zu e. cfr. yeren = eran § 71).

3) Die Verben asir, ferir, oir, perder.

Asir hat asgo, Conj. asga, doch daneben auch asa AH; ferir: firgamos PC firgades PC neben firades ibid.; oir: oza FJ; mit Anschluss an das Verb conocer (cfr. § 63) ozca, ozga FJ; sonst oyo. oya (cfr. § 67). Perder: perza (perdiat) AD; daneben regelmässig pierda.

Davon ist heute nur a s g o, a s g a erhalten.

4) Cfr. die Präs. auf —igo § 67 Anm. 2.

§ 63. Inchoativa.

Während die Verben auf —cer und —cir schon in vor-litterarischer Zeit die Aussprache von c in 1 an 2—6 assimiliert haben (venzo = venco. vences etc.), bleibt die Gutterale in den Inchoativen (alle Verben auf —ccer ausser mecer und remecer):

Alt regelmässig

Ind. paresco   Conj. paresca

paresces   parescas

paresce etc.   paresca etc.

s vor c in 2—6 fällt, worauf die Aussprache des c vor e auch das s in 1 beeinflusst und in z verwandelt; heute:

parezco, pareces, parece, parecemos, parecéis, parecen. Conj. parezca. parezcas etc.

Den Inchoativen schliessen sich nacer und conocer an:

Alt: nasco, nasces etc.; conosco, conosces etc.

heute: nazco, naces etc.

conozco, conoces etc.

Conj. nazca, conozca etc.

Ebenso lucir und Composita, sowie die Compos. von ducir. Alt: reluzan, enluzan C. g.; heute luzco, luces; luzca etc.

—ducir und Composita haben alt: duga FAO adugo PC, B, A reduzgo As reduzga Cs; die Entwicklung der Tenuis zur

Media ist noch heute vulgär: conduzgo, conozgo, parezgo; adugamos PC, FJ adugades PC; heute reduzco, reduces, reduzca etc.

Auch venzer schliesst sich an: venzca FJ venzcamos PC.

§ 64. Die Verben auf lat. —angere und —ingere.

Tangere, plangere geben tañer, plañir;
cingere, constringere „ ceñir, constreñir neben cingir, costringir; fingere — fingir. In der 1. sg. präs. und im Conj. erhalten sie die Gutturale: tanga AH plango C. g. çingas A costringa D 163; 2—6 regelmässig tañes etc.

Heute durchweg mit ñ: taño, plaño, ciño, constriño
                  taña, plaña, ciña, constriña

§ 65. Die Verben facer und decir behalten in 1 Ind. und im Conj. die Gutturale:

1 fago Ap. B faga Dr fagamos Dr faguamos PM fagades PC fagaes PM; neben 2—6 faces, face, facemos; facedes, facés; facen hat AH 3 fay vom Infinitiv far (cfr. § 55) mit paragogischem y, B 4 femos vom Inf. fer (cfr. § 55) 5 feches PC, B, Ap. Heute hago, haces, hace, hacemos, hacéis, hacen Conj. haga, hagas etc.

Decir und dicir (wie pedir — pidir): 1 digo 2 dizes Ap 3 dize ME dieze PM 4 decimos und dizimos B 5 dezides PC und dizides PM 6 dizen; daneben von dizer FJ diser PA: dizemos FJ dizedes A.

Heute digo, dices, dice, decimos, decís, dicen
        diga, digas etc.

§ 66. Poder conjugiert heute wie mover: puedo, puedes etc., alt 1 Ind. und Conj. aus possum: poso C. g. possa FAO, AD und posca FAO, mit Anschluss an die Inchoativa cfr. § 63.

Ir hat alt vom Präsens erhalten 4 imos Dr. B, A 5 ides PC, Dr, später is; heute sind diese Formen nicht mehr gebräuchlich.

Exir mit einfachem o in 1: exo für exeo: exo A. mit Metathesis durch Einfluss der Verben auf —ecer: exco PC 3 exe PC, B. A yex (mit Diphthong) A 6 exen B yexen A; Conj. exa FAO esca FAO ysca FAO 4 ygamos, yscamos PC 6 yscan FAO.

§ 67. Die Verben, deren Stamm etymologisch oder durch Ausfall von —d— und -h— vokalisch auslautet, schieben zur Vermeidung des Hiats ein y ein:

ear: deseyo ME deseyas etc.: pleyteye FJ afeyaban RP
aer: cayo, cayes, caye, cayemos, caycis, cayen
eer: creyo, leyo, veyo, seyo etc.
oer: royo, royes etc.
eir: riyo, riyes etc.
oir: oyo, oyes etc.
uir: fuyo, fuyes etc.

Bei folgendem betontem i steht der Hiat: oimos, oides etc.

Besonders bei B ist das —d— noch erhalten: cader, creder, veder, seder; ebenso durch alle Formen durch.

Neben den Formen mit y stehen häufig auch die mit Hiat: destruc FJ, A oe FJ fuen Q 185 vaa FAO caan Q 185; ebenso creo, contrahiert cróAs, seo contrahiert so (cfr. §60)*); veo, vees etc.

Heute ist das y im allgemeinen wieder geschwunden.

Die Verben caer, traer, raer, roer, oir und fuir haben neben cayo, trayo etc. die Form caigo, traigo, raigo, roigo, oigo, fuigo**); Conj. caiga, traiga etc. Heute noch c a i g o,

---

*) Das Verb seer ersetzt altspan. häufig die Verben esse und stare; Präs. siedo, siedes, siede, sedemos semos (noch heute vulgär für somos), sededes sedes, sieden; daneben nach Fall von d: seyo seo so, seyes, seye, seyemos, seyedes, seyen. Imperf. sedia, sedie; seia, seie. Imperat. seye sey, seed. Inf. seder, seyer, seer, ser. Cfr. Perf. und abgeleitete Zeiten § 77, b. Heute sind noch erhalten Inf. s e r, Präs. 1 s o y, Imp. 2 s é, s e d, Gerund. s i e n d o, Fut. und Cond. s e r é, s e r í a zur Ergänzung des lat. Verbs esse.

**) fuigo aus fugio durch Attraktion; darnach die übrigen: caigo: fuigo = cayo: fuyo etc.

traigo, oigo; raigo, daneben rayo; roigo neben royo und roo; Conj. caiga etc. 2—6 caes, traes etc.; traigo hat leonesisch auch trago A traga FJ tragamos A, FJ.

Von denen auf —eer ist heute contrahiert ver = veer von 2—6, also veo, aber ves, ve, vemos, véis, ven. Die übrigen contrahieren nicht: creo, crees etc.; leo, lees etc.

Erhalten ist y heute nur in den Verben auf —uir, ausser wenn betontes i folgt.

Ind. huyo, huyes, huye, huímos, huís, huyen Conj. huya etc.

Ebenso in dem Verb oir, ausser in 1: oyes, oye, oyen.

§ 68. Auslautendes e im Präsens 3 fällt häufig:

1) nach Liquida l, n, r:
val ME. A suel A cal PC; ven AD vien A pon AH fier A quier A. FJ.

2) nach Spirans z (s), x:
diz FAO merez, parez A aduz RO yaz ME. B, A pras PA dis PA die PFG faz PC yex A.

3) im Nordwesten selbst nach Muta: pued FJ, A.

4) in den Verben, die zur Vermeidung des Hiats y einschieben: cay CC, L tray, vay AD. A ley B, sey PC fui, destrui FJ (cfr. § 67); übrigens könnte y hier auch durch Diphthongierung von a—e, u—e erklärt werden.

Weitere Abkürzung findet statt in:
querer: 1 quio (Galdós) 2 quies As 3 quie 6 quien (heute vulgär)
tener: 3 tie M und heute vulgär 4 temos A.
poder: 2 pues 3 pue 6 puen (heute vulgär).

Heute ist das e überall erhalten.

§ 69. Orthographische Eigentümlichkeiten einiger Verben.

1) Die Verben auf gar und car schreiben vor e, um den ursprünglichen Laut zu erhalten gu und qu: pago — pague, toco — toque.

2) Die Verben auf guir und quir schreiben umgekehrt vor a und o einfaches g und c: distinguir — distingo, delinquir — delinco.

3) Die Verben auf —zar schreiben vor e ein c: rezo — rece.

4) Umgekehrt setzen die auf ger, gir, cer, cir ein j, resp. z vor a und o: coger — cojo, eligir — elijo. — vencer — venzo, resarcir — resarzo.

Alt wird c und z, g und j vor e und i verwechselt: venzo, venzes etc.

5) Die Verben auf —guar setzen vor e ein Trema über u: averiguo — averigües.

6) Die auf —güir lassen dasselbe umgekehrt vor y weg: argüir — arguyo, arguya.

7) ie und ue dürfen nicht im Auslaut stehen, daher schreibt man alt hierro von errar, heute yerro; ebenso huelo von oler.

§ 70. Imperfekt.

I amaba	II temía	III partía
amabas	temías	partías
amaba	temía	partía
amábamos	temíamos	partíamos
amábades,	temíades,	partíades,
amabais	temíais	partíais
amaban	temían	partían

Die alte Orthographie schreibt gewöhnlich —ava, —aua etc.

Die II. und III. hat ie*) neben ia; temie, temies, temie, temiemos, temiedes, temien; partie etc.; beide Formen stehen bis Anfang des 16. Jahrhunderts neben einander. Ausserdem hat B 3 temí, A 3 aví.

§ 71. Das in die II. übergetretene Verb ester = estar hat das Imperfekt auf —eva: esteva PC estevan FJ, weil estía mit dem Conj. Präs. zusammenfiel (cfr. § 61).

---
*) Cfr. Altlat. sie neben sia.

Die einzige Spur von --iba hat das Verb ir: i b a, i b a s, i b a, i b a m o s, ibades í b a i s, i b a n.

In den Proparoxytonis hat sich intervokalisches d länger erhalten als in Paroxytonis: amábades, temiades, partiades stehen noch bei Calderón, während amades schon seit Ende des 14. Jahrhunderts zu amaes und weiterhin zu amais wird.

Das Verbum ver hat im Imperfekt die nicht contrahierte Form v e í a, v e í a s etc., neben altem via L vie PC, As.

Das Verbum ser hat das lateinische Imperfekt: 1 e r a, 2 e r a s 3 e r a, yera AD, A 4 é r a m o s, yeramos AD 5 érades, é r a i s 6 e r a n, yeran Q 125 yeren*) AD.

Auf der Perfektwurzel gebildet ist vesquian PFG.

§ 72. Perfekt

und abgeleitete Formen (Conj. Imperf., Conj. Condit. und Conj. Futur.)

a) Schwache Conjugation.

I amé	II temí	III partí
amaste	temiste	partiste
amó	temió	partió
amamos	temimos	partimos
amastes,	temistes,	partistes,
amasteis	temisteis	partisteis
amaront, amaron	temieron	partieron

Conj. Imperf.

I amase	temiese	partiese
amases	temieses	partieses
amase	temiese	partiese
amásemos	temiésemos	partiésemos
amásedes,	temiésedes,	partiésedes,
amaseis	temieseis	partieseis
amasen	temiesen	partiesen

---

*) Flexiv. a zu e; cfr. dazu yebe = habeat, ebenfalls in AD, cfr. § 62, 2.

		Conj. Cond.	
I amara	II temiera		II partiera
	amaras	temieras	
	amara	temiera	etc.
	amáramos	temiéramos	
	amárades,	temiérades,	wie
	amarais	temierais	
	amaran	temieran	II
		Conj. Fut.	
I amare	II temiere		III partiere
	amares	temieres	
	amare	temiere	etc.
	amáremos	temiéremos	
	amáredes.	temiéredes,	wie
	amareis	temiereis	
	amaren	temieren	II

§ 73. Perf. I 1 hat das Leonesische amey mit paragogischem y. I—III 2 amast, temist, partist, bei B amasti etc.; mit Anlehnung an 1: ameste, bei B amest und amesti, bei PFG temeste, bei A und FZ temieste, partieste; ausserdem 2 amastes = alt 5, noch heute vulgär; ebenso temistes, partistes. 3 im Asturischen amou, teméo, partío; alt nach j auch ó: cojó As = cogió; cfr. 6 eron nach j (§ 78 Anm. 2). 4 I neben amamos mit Anlehnung an amé, ameste die Form amemos, die heute noch vulgär ist. II—III temiémos, partiémos (zu unterscheiden vom Imperfekt temiemos, partiemos). 5 temiestes, partiestes; neben amastes durch Analogiebildung amástedes etc.; ebenfalls Analogiebildung ist neu amasteis, temisteis, partisteis. 6 I—III amaront etc.; leonesisch amoron, temioron, partioron, mit Anlehnung an 3, daneben II—III temiron, partiron und ebenfalls in nordwestlichen Texten temeron, parteron; I—III amoren etc. As.

Die Zigeunersprache (Caló) conjugiert das Perfekt; choré, chorae, choró, choremo, chorae, chorao.

§ 74. Die drei abgeleiteten Zeiten:
Conj. Imperf.

I—III 1 und 3 amasse und amás, temies, parties; temise, partise; temís, partís; temese, temés, partés; 5 amásedes etc.

Conj. Cond.

1 und 3 von II—III temira, partira 5 temiérades, partiérades.

Conj. Fut.

1 und 3 in I—III amaro, temiéro, partiéro bei B; amar; temier, temire, temir, temer; partier etc.; 4 amarmos; temiermos, temirmos, ebenso partiermos, partirmos 5 amáredes, amardes; temiéredes, temierdes, temirdes und partiéredes, partierdes, partirdes.

Die Formen auf —ise, ira, ir, sowie die synkopierten
- armos, —ardes etc. finden sich in nordwestlichen Texten.

§ 75. Orthographische und lautliche Aenderungen.

1) i zwischen Vokalen wird zu y: 3 creyó, oyó etc. 6 creyeron, oyeron etc.; ebenso creyese, —era, —ere etc.

2) Stammauslautendes ll und ñ wirft i aus:
mullir — mulló — mulleron — mullese, —era, —ere
tañer — tañó — tañeron — tañese, —era, —ere

Alt mullieron, tañió, tañieron, gruñieron Q. 185.

3) Die Verben auf —cir, die in 3 und 6 den Stammvokal i haben (cfr. § 59), werfen i ebenfalls aus: reir hat rió, rieron, riese, —era, —ere statt riyó, riyeron etc., wie früher.

b) Starke Conjugation.
(Lateinisch auf —i, —ui, —si).

§ 76. A) Perfekt auf —i.

a) Mit Reduplikation: dare, stare.

Perf. dedi giebt *dide 3 dio (= dido), später mit Verlegung des Accents dió, daneben den, deo FAO; heute wie II schwach:

dí, diste, dió, dimos, disteis, dieron. Abgel.: diese, diera, diere.

Steti: 1 estide 3 estit FAO estido PC, Ap, CC, B, A. PFG estiedo A 4 estidiemos B 6 estidieron FJ estedieron FJ. Darnach die schwachen Verben catar und entrar: Perf. 3 catido, entrido bei B; ebenso andar: 3 andido 2 andidiste PC. Abgel.: 3 estidiere, estedier FJ 6 estidieren FJ.

b) Ohne Reduplikation: facere, videre, venire, exire.

Feci: 1 fize B fiz PC, Ap fise CC fis ST fiçi B fige AD
2 fezist, fizist PC, B feziste Ap fecisti, fiçisti B fizieste FZ, PJ heziste C. g. heciste As
3 fiz PC fezo AD fizo ME, B fis PA
4 fiziemos PC, B feciemos FJ fesimos RP hecimos As. C.g.
5 fiziestes PC feziestes AD fisistes SJ fezestes Q 185 hezistes C. g.
6 fizieron Ap fezieron B feceron FJ hizon DL.

Heute: hice, hiciste, hizo, hicimos, hicisteis, hicieron.

Abgeleitete Formen: fiziesse, feziesse; ficiera, feciera; ficiere, feziere.

Heute: hiciese, hiciera, hiciere.

Vidi: 1 vidi, vid B vide Cs, C. g. 2 vist PC vis PJ 3 vido B, FJ, AH, PJ. Cs und heute vulgär, vio B 4 viemos FJ 5 viestes PC vistes Dr vidiestes B 6 vidieron B virom AD vioron A.

Abg.: vidiese, vidiera, vidiere; veyese, veyera, veyere, vire.

Heute schwach mit Verschiebung des Accents wie Perf. von dar: ví, viste, vió, vimos, visteis, vieron; abgel.: viese, viera, viere.

Veni: 1 vin PC, A, B, AH 2 veniste B 3 veno FAO, B, A vieno FAO, A, FJ 4 veniemos A viniemos PC 5 viniestes PC venistes SJ vinistes AH 6 venieron CC venioron A.

Abgel.: veniese, veniera, veniere, vinir, venir.

Heute: vine, viniste, vino, vinimos, vinisteis, vinieron; viniese, viniera, viniere.

Exii: 1 exi B 2 exist, essiste B 3 yxo PC. B exo, ixo B
4 yxiemos PC issiemos B 5 ysiestes 6 yxieron, exieron
PC, B. Ebenso die abgeleiteten Formen ixiesse B
ixiera A issir FAO.

§ 77. B) Perfekt auf —ui.
a) Attraktion.
1) a — ui = au — i = o — i
  habere, capere, sapere, jacere, placere

habui = haubi = hobi: 1 off, of PC ove CC, Ap, B obe
  DM ovi B uve PFG 2 oviste PC, CC. B ouieste FZ
  3 ovo CC, Ap houo ME 4 oviemos PC. B 5 ouiestes
  PC 6 ovieron CC, Ap; oviesse, oviera, oviere.
  Heute: hube, hubiste, hubo, hubimos, hubisteis, hubieron; hubiese, hubiera, hubiere.
capni = caupi = copi: 1 cope 3 copo PFG copiessen A.
  Heute: cupe, cupiste, cupo, cupimos, cupisteis, cupieron; cupiese, cupiera, cupiere.
sapui = saupi = sopi: 1 sope PC 2 sopiste B 3 sopo B, A
  4 sopiemos FJ 5 sopiestes PA, 6 sopieron CC; im
  Leonesischen auch mit b: 3 sobo FJ. A 6 sobieron,
  sobioron, subieron A, ebenso sopiesse und sobiese etc.
  Heute: supe, supiste, supo, supimos, supisteis, supieron; supiese, supiera, supiere.
jacui = jauqui = joqui: 1 iogui B 3 yogo ME, PC, A iogo
  Ap 2 yognieron B; ebenso yoguiese, —iera, —iere.
  Heute schwach: yaci, yaciste, yació etc.
  yaciese, yaciera, yaciere.
placuit = planquit = ploquit: 3 plogo PC ploguiese, —era,
  —ere; daran schliesst sich conugo von conocer, cfr.
  § 77. b.
  Heute: plugo: pluguiese, —iera, —iere.
2) o — ui = ou — i = o — i
  ponere, potere
potui: 1 podi, pudi B pud AH, A pode A 2 podiste A 3 podo
  FJ 4 pudiemos PC, Ap 5 pudiestes Ap, B podistes As

pudistes As 6 podieron B pudioron, podioron A; podiesse, —iera, —iere.

Heute: p u d e, p u d i s t e, p u d o, p u d i m o s, p u d i s t e i s, p u d i e r o n; p u d i e s e, p u d i e r a, p u d i e r e.

An pode, pude schliessen sich an: von estar 1 estude AH 3 estudo FJ, A. AH 6 estudieron RO, FJ estodieron FJ. A estodisse A estudiere, estodiere FJ; von demandar: demandudieres AH; ebenso von andar: 3 andudo FJ 6 andudieron FJ andodieron PFG andodioron A.

Ebenso auf—sui (cfr. § 79):

posui: 1 pusi B pus FJ puys AD poge, puge AD 2 posiste B, SJ 3 poso B, AD 4 posiemos, pusiemos FJ posimos ST posistes AH posieron PA puson DL; ebenso posiesse —iera, —iere.

Heute: p u s e, p u s i s t e, p u s o, p u s i m o s, p u s i s t e i s, p u s i e r o n; p u s i e s e, p u s i e r a, p u s i e r e.

b) crescere, credere, tenere, sedere, conoscere.

Vorlitterarisch wird crevit zu *crevo, zu belegen ist crovo B; cre(d)—ui zu crevi: 3 crevo FJ; te(n)—ui zu tevi: 3 tevo AD, FJ tivo FJ; se(d)—ui zu sevi (altportug. sive); darnach von estar: estever Q 185 estevier FJ.

Später schliessen sich diese Verben an habui und cognovi an; habui giebt hobe, hubi; cognovi: 3 conuvo*) PC 6 conuvieron B.

Darnach:

crevit zu crovo B

credui „ 3 crovo PC 6 crovieron PC; croviesse PC croviessen B croviemos, croviere FJ.

tenui: 1 tove Ap tovi B 2 toviste ME 3 tovo RO, B 4 toviemos A 5 tovistes AH 6 tovieron PC, B; toviese, —iera, —iere.

sedui: 1 sovi B 2 sovist B 3 sovo PC, Ap, B suvo B 4 soviemos 5 soviestes A 6 sovieron PC, B, A.

Heute schwach: c r e c i, c r e i, c o n o c i etc.; sedere ist untergegangen.

---

*) Cfr. dazu § 77; a, 1.

Nur stark: tuve, tuviste, tuvo, tuvimos, tuvisteis, tuvieron; tuviese, tuviera, tuviere.

Ausserdem schliessen sich an: andar und estar.

andar: 1 andove*) DM 6 andovieron RP; 3 andoviera RP. Heute anduve, anduviste, anduvo, anduvimos, anduvisteis, anduvieron; anduviese, anduviera, anduviere.

estar: 1 estovi B estove**) RP 3 estovo ST, PFG, AH 6 estovieron AH; 3 estoviese AH estoviera RP estoviere RP. Heute: estuve, estuviste, estuvo, estuvimos, estuvisteis, estuvieron; estuviese, estuviera, estuviere.

c) nascui, cfr. § 79.

d) Zweifelhaft sind: parescere: 3 paresco P; amanescere: 3 amasco B. Heute schwach: parecí, amanecí etc.

§ 78. C) Perfekt auf —si.

dicere, ducere, prendere, querere, trahere, cingere, tangere, respondere, remanere, mittere, ridere, fugere, scribere, destruere.

dixi: 1 dix PC dixi B, A dixe B 2 dissisti B dexiste PA dixiste AH dixieste A 3 dixo Dr disso AD, B 4 diximos B dexiemos FJ 5 dixistes AH dexistes C. g. 6 dixieron CC, B dixeron B dijon DL dexieron A; dixiesse und dixese, —iera und —era, —iere und —ere etc. Heute: dije, dijiste, dijo, dijimos, dijisteis, dijeron; dijese, dijera, dijere.

duxi: nur als Compositum: 1 adux PC aduxe Ap 2 aduxiste Ap, B adugiste Ap 3 aduxo CC adusso B enduxo AH 4 aduxiemos FJ 5 aduxiestes PC, B 6 aduxieron Ap adussieron B aduxeron PFG; aduxiese, aduxiera, aduxiere neben aduxese etc. Heute: conduje, condujiste, condujo, condujimos, condujisteis, condujeron; condujese condujera, condujere.

---
*) Cfr. dazu § 76, a; 77, 2.
**) Cfr. § 76, a; 77, 2.

prensi: 1 pris PC prisi B prisse CC 2 prisiste ME 3 priso
PC, B preso AH, ME 4 prisiemos B, A 5 prisiestes
B 6 prisieron ME presieron A; prisiese, prisiera, prisiere.
Heute schwach: p r e n d í etc.
Ebenso die Composita: alt apriso, heute a p r e n d i ó etc.

quesi: 1 quissi B quis*) A 2 quesiste, quisiste B 3 quiso
4 quissemos, B quessiemos A 5 quisistes PA quesistes
AH quisiestes PC, Ap 6 quisioron A quesyeron PFG
quesiese, quesiera, quesiere.
Heute: q u i s e, q u i s i s t e, q u i s o, q u i s i m o s,
q u i s i s t e i s, q u i s i e r o n; q u i s i e s e, q u i s i e r a,
q u i s i e r e.

traxi: 1 traxe CC, RP 2 traxiste RH, PFG 3 traxo CC, ST
4 traxiemos 5 traxiestes B 6 traxieron B, CC trajon
DL**); daneben gibt es von tragui im Leonesischen
die Formen 2 troguieste FZ 6 trognioron A 3 trogo A
trugo PA, sowie von traxui: troxo (cfr. § 79).
Heute: t r a j e, t r a j i s t e, t r a j o, t r a j i m o s,
t r a j i s t e i s, t r a j e r o n***); t r a j e s e, t r a j e r a,
t r a j e r e.

cinxi: 3 çinxo PC 5 cinxiestes PC
Heute schwach: c e ñ i, c e ñ i s t e, c i ñ ó etc.; c i-
ñ e s e etc.

tanxi: 3 tanxo PC, FJ tanso B, FJ 6 tansieron B.
Heute schwach: t a ñ i, t a ñ i s t e, t a ñ ó etc.

responsi: 3 respuso PC, B, A.
Heute schwach: r e s p o n d í etc.

remansi: 3 remaso AD, B remanso B. Heute veraltet.

misi: 1 mese PC 3 meso PC miso Ap misso ME; ebenso
die Composita: promiso B.
Heute schwach: m e t í etc.

---

*) Apokope im Perfekt 1 der starken Verba ist häufig; cfr. vin,
of, pud, pus, pris, quis, dix, adux; auch in 3 fiz und fis, estit, wobei in
den Auslaut tretendes v zu f, d zu t wird.

**) Cfr. dazu bizon, dijon § 76, b; 78, puson 77, 2.

***) Perf. 6 auf —eron statt —ieron heute iu den auf —j auslau-
tenden Stämmen: dijeron, condujeron, trajeron; alt auch dixieron, conduxi-
eron, traxieron.

risi: 3 riso B rijo AH rijera D.J.M.*); heute schwach:
r e í, r e i s t e, r i ó etc.

fuxi: 2 fuxiste PC 3 fuxo B fusso, fuso B 6 fuxieron B fuxera
RP fuxiere FJ.

Heute schwach: h u í, h u i s t e, h u y ó etc.

scripsi: 3 escripso FJ; heute schwach: e s c r i b í etc.

destruxi: 3 destruxo B estruxo FJ 6 destruxiessen A.

Heute schwach: d e s t r u í, d e s t r u i s t e, destruyó etc.

§ 79. D) Perfekt auf —sui.

Ausser posui (cfr. § 77, a) gehören hieher die Neubildungen mit Anlehnung an nascui, wie *traxui und *vixui.

nascui: 1 nasqui B 3 nasco B 5 nasquiestes PC nasquieran PC. Heute schwach: n a c í etc.

Daran anschliessend mit Metathesis von x zu sc:

traxui: 1 trasqui B 3 trasco B. A 6 trasquieron B.

Heute traje etc. (cfr. § 78).

vixui: 1 visqui, vesqui DJM 3 visco ME, Ap, B; 3 visquiese CC visquiere Ap.

Heute schwach: v i v í etc.

Traxui gibt durch Attraktion auch trauxi: 1 troje As truje**) As, Cs 2 troxiste 3 troxo A, AH 4 trujimos As 5 trujistes As 6 troxieron B trogieron AH truxeron PFG trujeron Cs: troxiese, troxiera, troxiere.

Truje, trujo sind heute noch vulgär.

§ 80. Das Verb esse hat sein eigenes, lateinisches Perfekt vom Stamme fu—.

Fui: Ursprünglich 1 fúi 3 fúe; später mit Verlegung des Accents fuí, fué; 2 fuisti, fuist B 4 tuimos 5 fuistes Cs 6 fueron;

---

*) Cfr. die Anmerkung zu trajeron oben.

**) Man bemerke die Steigerung von e zu i und o zu u in: prise, fize, quise, estide; hube, tuve, anduve, estuve, cupe, supe, plugo, puse. Ursprünglich fand diesselbe wohl nur in 1, 3 und 6 nach den in § 59 angegebenen Regeln statt; später drang i und u auch in 2, 4 und 5 ein; auch kurzes e ·hliesst sich an, wie in estiedo (Analogon zu pido statt piedo, sirvo für rvo etc.)

daneben 1 fue RP, PC, A 2 fueste CC fuest D fues*) PJ 3 fue, foe FAO, AD hué As jué As (vulgär) 4 fuemos Ap, B 5 fuestes PC, B 6 fueron; und 1 fu PC 2 fuste ME, B fust B 3 fu Dr, B 4 fumos A 5 fustes AH 6 furon A, B neben 3 fo B, FJ 6 foron AD, FJ, B; fusse B fosse PC fura A fora B fure Dr fore FJ.

Heute fuí, fuiste, fue, fuimos, fuisteis, fueron; fuese, fuera, fuere.

---

§ 81. Neben der starken Perfektform haben die schwachen folgende Verben:
1) exir: 3 yxió PC issió B exió A
    remaner: 3 romanió PM 6 romanieron; romaniesse PM.
    welche heute untergegangen sind;
2) dar; 6 daron PM
    andar: 3 andó FJ, PM 6 andaron FJ, A, PJ, PM
    haber: 4 auimos RP 6 auieron PM auiere Q 185
    poder: 3 podió, pudió B
    tener: 3 tinió FJ
    dezir: 1 dezi B, C. g.
  —ducir: 3 reduzió C. g.
    traer: 3 trayó B, Ap, PM; 6 trayessen PM,
    welche heute nur die starke Form haben;
3) ver: 3 viyó Ap
    yacer: yací   etc.
    crecer: crecí   „
    creer: creí   „
    conocer: conocí   „
    parecer: parecí   „
    prender: prendí   „
    vivir: viví   „
    ceñir: ceñí   „
    tañer: tañí   „
    responder: respondí etc.
    meter: metí   „

---

*) fues = fuest nach Apokopierung des t; cfr. vis, ebenfalls in PJ.

reir: reí etc.
huir: huí „
escribir: escribí „
destruir: destruí „
nacer: nací „

welche nur die schwache Form erhalten haben.
Neubildung schwacher Perfekta auf starker Perfektwurzel hat statt in tovió von tener und visquió von vivir.

§ 82. Futurum und Conditional.

Futurum.

I amar-he, amaré   II temer-he, temeré   III partir-he, partiré
amar-has, amarás
amar-ha, amará   u. s. w.   u. s. w.
amar-hemos, amaremos
amar-hedes, amaredes,
  amarés, amaréis   wie in I   wie in I.
amar-han amarán

Conditional.

I amar-hia,   amar-hie,   amar-ye, amaría   ⎫
„ -hias,   „ -hies,   „ -yes, amarías   ⎪ ebenso II
„ -hia,   „ -hie,   „   u. amaría   ⎬ temería
„ -híamos,   „ -hiemos,   „ s. amaríamos   ⎪ etc. und III
„ -híades,   „ -hiedes,   „ w. amaríais   ⎭ partiría
„ -hian,   „ -hien,   „   amarían   etc.

Fut. I leonesisch mit paragogischem y: amarey, temerey, partirey. Neben amarie steht die apokopierte Form amari, neben amaries: amaris (cfr. dazu die apokopierten Formen des Imperfekts § 70).

§ 83. Synkopierte Formen des Futurums und Conditionals.

Synkope tritt ein:
1) bei Verben, deren Stamm auf Liquida auslautet
  a) nach l: salir, valer
salir: salré PJ salrán PA salria PJ salrria AH; daneben

steht die volle Form salirá AH saliremos FJ. In ersteren Formen wird des Wohllauts halber ein d eingeschoben ME: saldredes ME.

valer: valrria A.

b) nach n: poner, tener, venir;
auch hier ist die Behandlung eine mehrfache.

1. Synkopierte Formen

temrrie B venrá FAO venrrán Ap

2. Assimilation

porré, porrás B terré, terrás, terrá B terria A, B verria B

3. Metathesis

porné PA pornás SJ pornán PA pornia SJ pornian RP porniamos RP terné Ap, B, Dr terná ME, FJ

4. Volle Formen

poneria AD tenir—yes Ap venirá PFG.

c) nach r

morré B, PFG morrá CC, Ap morremos B morrás B morrán B morria AH; daneben morrerien A morreredes A, wo auf dem Stamm des Fut. ein neuer Infinitiv morrer gebildet ist; ferredes PC ferrán A parrás RP.

d) nach m

Hier wird des Wohllauts wegen b eingeschoben: combré, combria, combrie = comeré etc.

2) bei Verben mit stammauslautender Muta

sigremos A debrá SJ pidré*) AH perdrás PM bebrien B odredes PC cadrán PC cadrias B cadrian, cadriamos, cadré B cadrá A codremos B (= cogremos) comidrán PC subria B reçibrie B repentremos A espendremos B consintrán PC repintrá PC rendré PC entendredes Ap mintré Ap partremos, escondrien, sintrie, ardrá B consintré AH consentria AH.

Daneben auch cairé As und assimiliert carria A (= cadría).

---

*) Man beachte, dass die Verben der III. mit stammhaftem e resp. i (cfr. § 59) in den synkopierten Futur- und Conditionalformen im allgemeinen i vorziehen.

Haber hat
1. die volle Form: averá Dr, FJ, SJ aueremos PA aueredes PA, PJ averán B, PA, PFG; averia FAO avirie FJ anerya PFG auer yemos PC.
2. Synkope: auré, avrá, abrant B u. a.; auria

3) bei stammauslautendem z, v und x
plazrá, plazrie B creçremos PC vençremos PC ofreçremos Dr venzrien, contezria, merezria B; trevria B; istrie, iztremos B neben exirá A ixiria B.

4) bei stammaulautenden ll und ñ
wobei die Mouillierung des Lauts aufgehoben, und d eingeschoben wird: taudrá PC ondremos Ap; toldria Ap toldrie A toldrá Q 94.

Heute existieren nur noch folgende synkopierte Formen: podré — podría, habré — habría, cabré — cabría, querré — querría; und mit euphonischem d: saldré — saldría, valdré — valdría; pondré — pondría, tendré — tendría, vendré — vendría.

§ 84. Die Verben dicere und facere bilden:
1) Dicere.

Zu decir (dicer): 1 dizré B dizer — ey A dizria B dizeremos, dizremos Dr, B dizredes B dizrien, dizrán B, FJ.
„ dir: derie PFG diriades B deredes A.
Heute zu dir: diré, dirás, dirá, diremos, diréis, dirán; diría etc.

Ebenso die Composita mit Ausnahme von bendecir und maldecir, welche ihr Fut. und Condit. auf decir bilden: bendeciré, bendeciría; maldeciré, maldeciría.

2) Facere.

Zu facer: fazremos, desfaceremos FJ
„ far: faré ME fará, farie ME harie As faremos B faredes Ap harés As fariedes A haríades DL farán, farien FJ.

Zu fer: feré PC fer- e ME terá PC fer—ye B fer -ia
A feremos PC feredes, fer—yen PC.

Heute zu far: haré, harás, hará, haremos, haréis, harán.

§ 85. Imperativ.

I 2 ama   II teme   III parte
5 amad   temed   partid

Die 3, 4, 6, sowie die negierte 2 und 5 sind den betr. Personen des Präs. Conj. gleich.

B hat II—III auch 2 temi, parti; 5 amade, temede, partide bei PA und Q 125; sonst auch 5 amat, temet, partit und amá, temé, partí As; amai, temei As. Daneben amais As temedes, partides PC wie 5 Präs. Ind. 2 abgekürzt in guarte GC, DL = guárdate.

§ 86.
Die Verben, welche im Präs. Ind. 3 das e abwerfen, apokopieren auch im Imperativ 2 (cfr. § 67):

1) nach Liquida: val PC sal, pon neben pone TD
2) nach Spirans: ix A aduz B
3) nach Muta: pit AH*)
    Heute nur noch sal, val neben vale, pon, ven, ten; haz.
4) nach y: tray B, AH oy AH sey PC, Ap. B; heute 2 sé 5 sed; tray mit 5 tred; vay giebt vé, heute nur reflexiv véte, daneben va Cs vey AH vee As; sonst trae, cae; aber mit eingeschobenem y die auf —uir und —oir: oye von oir, huye von huir.

§ 87. Imperative von facere und dicere:

Facere:
2 Zu far: fay AH   5
„ fer: fes B   „ fey AH fet, fed PC RO fech B
„ facer: fas B, faz ME   „ fasede PA faset SJ fasedes PA hacé As.

Heute 2 haz 5 haced.

---

*) Ausl. d. zu t; cfr. pg. 61, Anm. 1.

Dicere: 2 dí 5 decid, dizit B deside PA; aber in den Compositis 2 benedice. maldice. contradice. predice, desdice.

§ 88. Gerundium.

I amando II temiendo III particndo

Neben temiendo auch temendo FJ seindo Q 185 creyndo PFG. Zuweilen ist das Gerundium auf der Perfektwurzel gebildet: toviendo, supiendo PJ.

Stammauslautendes ll und ñ wirft i aus: mullendo von mullir, tañendo von tañer.

Das Gerundium zu der Nebenform fer = fazer ist fendo PM. Steht das Gerundium zur Verstärkung doppelt, so wird die erste Form apokopiert: calla callando. juga jugando AH. Ueber die Veränderung des Stammvokals im Gerund. cfr. § 59.

§ 89. Particip Präsens.

Heute nur als Adjektiv oder substantiviertes Adjektiv gebräuchlich; z. B. el amante. un padre amante.

Alt: I amante II temiente III partiente

in II—III auch apokopiert: temient, partient; von ser: esent D.

Particip passiv.
§ 90. a) Schwaches.

I amado II temido, temudo III partido.

Neben der Form in – udo II steht —odo Q 185: conocodo. In der heutigen Umgangssprache: I amao, andalus. auch II—III temío, partío; fem. amá. pl. masc. amaos. fem. amás.

§ 91. b) Starkes.

Es entsprechen dem lat. Part. auf sum:
imprimir — impreso
prender — preso, priso FAO, B, A. Ap prieso FJ; ebenso
die Composita compriso ME, A apreso B, SJ

meter — meso PM miso RO, B
defender — defeso RP, FJ
espender — espesso B
encender — ençeso B
confundir — confuso B
repentir — repiso B

Daneben auch die schwachen Formen imprimido, prendudo, metudo FJ defendudo, expendido, encendudo FJ repentido, confundido PJ.

Heute gelten die starken Formen neben den schwachen nur noch von imprimir und prender:

impreso — imprimido, preso — prendido; die Composita von letzterem Verb nur schwach: aprendido, comprendido.

§ 92. Lateinischem Particip auf —tum
entsprechen:

abrir — abierto
cubrir — cubierto, cuberto FJ (Compositum descubrir — descubierto)
escribir — escrito, escripto B, FJ
morir — muerto, morto FJ
resolver — resuelto
volver — vuelto, volto FJ
romper — roto (aber interrumpir — interrumpido, neben interroto bei Cs)
facer — fecho, fecto AD feyto FA, PM, PJ
veer — visto
decir — dicho, decho AD, FJ dito AD, FJ, A, FA
ducir — ducho AH aducho B
querer — quisto AH
ceñir — cinto
destruir — destruto B destrúyto PM
—fuir — fúyto PM (= fuctum, nach fuxi)
erigir — erecho B

elegir	—	eleto As electo As eleicto Ult
cocer	—	cocho B, FJ. A cuecho FJ
excolligir	—	excollecho, excolleyto FJ
traer	—	trecho B trecto B
poner	—	puesto, pusto Dr posto A, AH, FJ
nacer	—	nado BC, CC, ME, Ap, RO, FJ, AH
afligir	—	aflito As.

Heute sind stark nur folgende: abierto, cubierto, descubierto, escrito, muerto, resuelto, vuelto, roto, hecho, visto, dicho, puesto.

Von diesen haben im Altspan. neben der starken auch die schwache Form: escribido B bolvido Ap, PA rompido (noch heute vulgär) As; veido Dr, Ult vydo PFG vido As. Andalusisch: abrío, morío (Fern. Cab.). Bei den übrigen steht überall die schwache Form neben der starken schon im Mittelalter; so çinnido A nasçido Ap traido B etc.

Auf dem Perfektstamm gebildet sind: haber — huvido PM; querer—quesido PM; saber—supido PM (also im Aragonesischen, wo auch heute noch vulgär)*).

Schwache und starke Form neben einander haben heute:
freir — treido, frito
proveer — proveido, provisto.

Composita von decir.

Bendecir und maldecir haben: benedito Ap benedicto B bencito B benito, bendicho B, SJ maledicta, malcito B maldicto FJ; ebenso contradito A;

heute im Aktiv bendecido, maldecido
„ Passiv bendito, maldito.

Dagegen die übrigen wie das Simplex contradicho, predicho, desdicho.

Zu bemerken ist noch, dass das Spanische eine grosse Menge ursprünglicher Participien mit starker Bildung besitzt, die heute nur noch adjektivisch gebraucht werden; z. B. tinto von teñir, abstracto von abstraer etc.

---

*) Neubildungen auf dem Perfektstamm kommen ausserdem vor im Infinitiv (§ 55), Gerundium (§ 88), Imperfekt (§ 71) und Perfekt (§ 81).

§ 93. Formveränderungen des Verbs.

1) Folgt auf eine Verbalform, die auf —s endigt, das suffigierte Pronomen nos, so wird s elidiert: a m é m o n o s ; alt auch noch mit s: aiuntemosnos B acordemosnos A.

2) Wird os dem Imperativ 5 angehängt, so wird d elidiert: amaos = amados, wie alt häufig. Die einzige Ausnahme ist heute i d o s, das alt auch ios, hios As lautet.

3) Das auslautende r des Infinitivs wird an das folgende l eines suffigierten Pronomens assimiliert: amalla, temello, partillos.

4) Metathesis findet statt im Imperativ 5 mit folgendem suffigiertem Pronomen der 3. Person: amalde, temeldo, partildes = amadle etc.

5) Ebenso in derselben Form mit folgendem nos: amandos, temendos, partindos = amadnos etc.

VI. Adverb.

Seiner Abstammung nach zerfällt das spanische Adverb in

§ 94. A) ursprüngliches lateinisches Adverb

a) mit der Endung e: t a r d e ; altspan. ausserdem bine Dr biene ME luenye ME luene B lunne B luenne, luynne, lonne, lune, luene, lunne, longe FJ toste A, ST. Daneben apokopiert ben, luen FJ tost; ausserdem auf —i: tardi B lonni FJ. Heute b i e n, m a l, ausser t a r d e.

b) Endung —ter nur alt volonter, volunter, wenn hier nicht französ. Einfluss anzunehmen ist (er = arium).

c) Endung —o: s ú b i t o ; alt cedo PA, RP, FJ.

d) Sonstige lat. Endungen: m á s etc.; alt cras PC abes PC maes B plus B asaz.

§ 95. B) Spätere Bildungen.

a) Adverbia auf —a und —ia im Leonesischen und Asturischen: estoncia AD estuenza, estuencia FJ entonça A ensiembla, ensembla FJ*).

---

*) Daran schliessen sich Partikeln, wie die Präpositionen sobla § 103, 11; enta § 103, 20; die Conjunktionen mientra § 107, 17; maguera § 107, 19.

b) auf —as und —es*), besonders im Leonesischen: primas Dr certas, ciertas Dr, B, A, FJ postremas A veras GC. Es sind dies ursprüngliche Adjektive in adverbialen Ausdrücken, wie a derechas Ap a firmes Ap apostremas B alas primas B a luengas B a buenas B a primas FJ a postremas A, wo jedesmal ein Substantiv zu ergänzen ist.

Heute sind solche adverbialen Ausdrücke á e s c u r a s, á s o l a s, de v e r a s etc.

Dazu ergeben sich dann Analogiebildungen wie estonces PC nunquas Dr anteyes AD lexos A enantes PA marras PJ neben estonce, nunqua, ante etc.

Heutige Reste mit s sind entonces (in tum ce), antes, lejos, marras, quizás neben quizá; letzteres alt quiçab PC (wohl = qui sabe).

§ 96. C) Die Adverbien der Art und Weise werden neugebildet durch Anhängung von m e n t e an das Femininum des Adjektivs (mente = Abl. von mens); z. B.

    alto — altamente
    hábil — hábilmente
    feliz — felizmente.

Altspan. —ment, —miente, —mient, —mientre. Die Adjektive auf Liquida mit Muta, die ihr flexivisches e abwerfen können, bilden das Adverb mit oder ohne dasselbe.

Folgen mehrere Adverbien auf —mente auf einander, so bekommt nur das letzte die Endung; gewöhnlich stehen dabei die auf —a endigenden voran: d o c t a y e l e g a n t e m e n t e; doch steht bei Galdós auch fatal y necesariamente, bei Gil Blas noble y generosamente, in beiden Fällen des Wohllauts wegen.

Alt: falsament y maluada PM, also mit Apokope des letzteren.

---

*) Cfr. auch die Präpositionen sines § 103, 6; antes § 103, 9; die Conjunktionen doncas § 106, 14; mientras § 107, 17.

Einige Adverbien haben neben der Form auf —mente auch die des Adjektivs, z. B. súbito und subitamente ohne Unterschied der Bedeutung; verschiedene Bedeutung haben je nach der Form:

alto	und	altamente	laut	und stolz
bajo	„	bajamente	leise	„ niederträchtig, gemein
bastante	„	bastantemente	ziemlich	„ zur Genüge
caro	„	caramente	teuer	„ auf teure Art
claro	„	claramente	deutlich	„ hell
cierto	„	ciertamente	gewiss	„ sicherlich
demasiado u.		demasiadamente	zu viel	„ übermässig
derecho	„	derechamente	gerade	„ rechtlich
fuerte	„	fuertemente	kräftig	„ heftig
primero	„	primeramente	erstens	„ in erster Linie
pronto	„	prontamente	bald	„ geschwind

Ebenso in

bien	und	buenamente	gut und gutwillig
mal	„	malamente	schlecht und auf schlechte Weise.

§ 97. **Steigerung des Adverbs.**

Dieselbe geschieht wie beim Adjektiv, nur bleibt vor dem Superlativ gewöhnlich der Artikel lo weg:

tarde — más tarde später und am spätesten
altamente — más altamente höher und am höchsten.

Organische Comparative und Superlative sind wie beim Adjektiv:

mejor von bien
peor „ mal
más „ mucho
ménos „ poco

mit den altspan. Formen mellor, peyor; mais, maas, maes; minos. Neben mas auch plus B und mas plus A.

Modifikation des Adverbs.

Dieselbe findet selten statt; die gebräuchlichsten Deminutivformen sind: cerquita, encimita (Galdós), lejitos; despacito, prontito, tempranito, (ahora) mismito. Zu bemerken ist hiebei·

dass die drei letzteren die Form des Adjektivs haben. Die Deminutivendung modifiziert die Adverbien im Sinne des deutschen „ein wenig", „ein Bischen" (weit, früh, schnell) etc. und findet sich fast ausschliesslich in der Umgangssprache.

§ 95. Adverbien des Raums.

1. Hier: aquí, acá, aquá. Von hier de aquí, de acá (de ac hic, ac hac); desi PC duca PC des aqui Ap desende B daquende B daquent ME daquen PC (de ex inde, de ac inde). Hieher aquí, acá wie hier.

2. Dort: ahí, allí, allá, acullá (ad hic, ad illic, ad illac, eccu' illac), ala PC ali (ad illic), i (ibi), hy, y PC hi, y FAO ay CC ai AH e PJ. Von dort de ahí etc.; dent, dend, den (de inde) PC ende ME ent, dende ME desende (de ex inde) Ap ent, desend, daquende B en PJ. Dahin wie dort.

3. Wo dónde, endónde (interrog.), donde, endonde (relat.); do (de ubi), o (ubi) PC on, ond, onde (unde) FAO hu AD ado CC hon ME don RO du B, FJ.

    Woher de dónde, de donde, dont PC dond Dr donde CC onde Ap ont B.

    Wohin adónde, adonde; on, ond, onde FAO; heute vulgär ande.

    Wodurch por dónde, por donde; por o, por do, por onde, poro Ap.

4. Innen dentro, adentro; deintro, dintro FAO entro (intro) B.

5. Aussen fuera; fueras B afora FJ huera As.

6. Oben arriba, encima; de susso (sursum) CC desuso Ap adessuso B suso AH de suso U$_{12}$.

7. Unten abajo; ayuso, yuso PC de inso FAO en inso, en ajuso FAO ayuso ME yuso AH de yuso U$_{12}$.

8. Diesseits aquende (heute selten); daquent ME.

9. Jenseits a l l e n d e (ebenso); alent PC de alen mar PC alliende ME.
10. Vorn d e l a n t e. p o r d e l a n t e; davant FAO delantre B.
11. Hinten a t r á s, d e t r á s, p o r a t r á s; redro.
        Nach hinten h a c i a a t r á s; arredro, arriedro.
12. Ringsherum a l r e d e d o r, derredor.
13. Nahe c e r c a, cerqua.
14. Fern l e j o s; aluene, lonni, lune, longe. luen FJ luenye ME luynne FJ.
15. Irgendwo e n a l g u n a p a r t e.
16. Nirgends e n n i n g u n a p a r t e.
17. Anderswo e n o t r a p a r t e; a iubre B a iubre, aimbre, alumbre, allum, aliur, alubre, allure FJ.
18. Ueberall p o r t o d a s p a r t e s, por doquier.
19. Von einer und der andern Seite d e u n a p a r t e y d e o t r a, della y della parte A.
20. Beiseits á p a r t e.
21. Zusammen j u n t o s, j u n t a m e n t e, á u n a ; en semble AD ensiembla, ensembla, ensenbra, en semble FJ desuno, de su uno, de so uno, de se uno, consuno FJ.
22. Umgekehrt a l r e v é s.
23. Vorwärts a d e l a n t e; adelant PC adelantre FAO adeante AD endeante, endelantre FJ auant, adenant PM cabadelant PC cabadelantre A ; vulgär heute alante wie in As.

§ 99. A d v e r b i e n d e r Z e i t.
1. Wann? c u á n d o, quando.
2. Jetzt a h o r a; agora D, B hora A, As aora A.
        Bis jetzt h a s t a a h o r a : fasta en esaqui FJ hatagora, atanes aqui FJ.
        Von jetzt ab d e s d e a h o r a, desagora FJ adesoras B dessora (de ipsa hora) A.
3. Einst e n o t r o t i e m p o, marras (arab.) PJ, Cs und selten noch heute.

4. Neulich el otro día.
5. Jüngst, frisch, neu — recien (apok. aus reciente)*) z. B. recien nacido: recient nada Ap.
6. Bald, sogleich pronto, en seguida, toste SJ tost PM man a mano RO manamano B adiesso B çedo PA tantost PM mantiniente, mantenente, mantinente, manteniente, mantinenti, mantenienti FJ de continent PM.
7. Heute hoy, oye PA hoc AD.
    Heutzutage hoy en día, vulgär hoy día.
8. Gestern ayer.
    Vorgestern antes de ayer, anteayer, eri B.
9. Morgen mañana, cras PC, CC, RO
    Uebermorgen pasado mañana.
10. Damals, dann, hierauf entonces, luego, estonçes PC, B, A estonças A estonz PC, B estoncia AD estonce CC, Ap estoncia, estuence, estuence, estuencia, estuancia**) FJ enstonz B entonça, enton A entonçe PA, SJ, AH eston A stonce (Libr. de 1. enx.) entoncia D 163; estonces noch heute vulgär; allora B laora PM essora PC asoras, ensoras As logo FAO, AD, FJ luogo**) FJ.
11. Plötzlich súbito, de repente.
12. Unterdessen entre tanto, mientras tanto, de mientra SJ.
13. Schon ya, ia Dr.
14. Nicht mehr ya — no, no — más, no — plus PM.
15. Noch todavía, aún, encara B, PM ahun PM aon FJ an As. Heute verstärkt aún todavía, vulgär entavía, entodavía, aún y aún.
    Noch nicht todavía — no, aún — no, no—encara PM.
16. Irgend einmal, jemals un día, una vez, jamás, jamez.
17. Ein ander Mal otra vez.
18. Niemals nunca, jamás, verstärkt nunca jamás, nunqua PC nunquas, nunquas Dr nuncas A nuncua Ult.

---
*) Cfr. dazu die Apokope grande, santo § 14, § 17.
**) Ua neben uo und ue aus ó in FJ (ined.) auch sonst.

19. Hie und da de vez en cuando, de cuando en cuando.
20. Früh temprano.
21. Spät tarde, tardi B.
22. Lange mucho tiempo.
    Seit lange desde hace mucho tiempo.
23. Immer siempre, semper AD simpre B sempre FJ siemple PA sivelquando B todavía, RP (= allewege).
24. Jeden Tag, täglich cada día, todia SJ cadal dia AH.
25. Jährlich cada año, cadanno B, FJ.
26. Zugleich, auf ein Mal de una vez, á la vez.
27. Allmählich, nach und nach poco á poco, poca poco A.
28. Dies Jahr este año, hogaño, oganyo Ap oganno AH ogoanno AD.
    Letztes Jahr el año pasado, antaño.
29. Manchmal á veces, algunas veces, a las vegadas RO aveses, a las veses SJ.
30. Oft muchas veces, á menudo, amenudi S $_{93}$.
31. Früher, vorher antes, enante CC ante B devant B dante FJ antre AH devan AD denantes Cs, As; enantes heute vulgär.
32. Von jetzt ab de ahora en adelante, desende adelante B daqui adelantre FJ endelantre FJ desende adelantre A exinde avante U $_{10}$ dalli auant PM.
33. Nachher, später después, pois FAO depois AD depues B depois, depos, pois, despois, depoes FJ enpues PJ pues B; apres FAO, B, PM pres PM desi (de ex ibi) RO, PJ desen B.
34. Schnell pronto, de prisa: apriessa CC, B aina, agina, ayena, ayana FJ aina sobre aina A.
35. Langsam despacio.

§ 100. Adverbien des Grads.
1. Sehr mucho, muy.
    Mucho steht vor Comparativ und Verb: mucho mejor (= multo abl.); me gusta mucho (= multum acc.)

Muy als apokopierte Form von muyto vor Adjektiven: muy hermoso, und Substantiven, die gleichsam adjektivisch gebraucht werden: muy caballero, muy chulo. Vulgär mu: mu malo; ausserdem vulgär muncho = mucho.

Alt vor Comparativ auch muy: muy mayor B muy maes FJ muy mas RP muy meior B muy mejor, muy mas dulce As. Bei dem Verb: lo afeitaba muy PJ.

Vor Adjektiven: mucho orgullosos PC mucho cara Ap mucho alegre Ap mucho omildosos RO mucho caras AH; apokopiert much embidiosa B; muyt bien PM, apokop. Form aus muyto (aragon.); moyt AD muc FJ.

Vor Substantiv: somos mucho pecadores PFG mucho amigo del padre PM.

Wie sehr! ¡cuánto! so sehr tanto, vor Adjektiven cuán — tan (= quam — tam), atan PC, Ap quand grant e quam bono B quanto grande C. g.

Zu sehr demasiado.

Mehr, am meisten más, mais Dr maas AD mayes AD, maias, maies AD mais, maes, mays FJ, A, B.

Ueberaus sobremanera.

Höchstens por lo más.

2. Genug, ziemlich bastante, harto, abasto PJ assaz, assas CC, ME, PFG.
3. Wenig poco.
 Ebensowenig, auch nicht tampoco.
 Weniger, am wenigsten menos.
 Wenigstens á lo menos, por lo menos
4. Auch también, ainda AD.
5. Nur sólo, tan sólo, solamente.
6. Kaum apenas, abes PC, Ap, B refez 'B.
 Schwerlich adur B aduro PFG, B de dur B hascas — no B.

7. Sogar mismo, hasta.
8. Ganz und gar del todo, en todo en todo Dr de tod en todo A en tod en todo A de todo en todo AH, RP, Cs en todo por todo C. g.
9. Fast, beinahe casi, por poco, cuasi Ap fascas Ap. A hascas B ainas; cuasi noch heute vulgär.
10. Nicht einmal ni — siquiera, ni — aun, sol — non AH.
11. Ungefähr poco más ó menos, como, unos, environ A.
12. Gerade precisamente, mismo.

§ 101. Adverbien der Vergleichung.

1. So así.
   a) Zur Vergleichung ansí AD, CC, As assy CC asin B si A ansyna PFG ansina As asina Fern. Cab.
   b) Beteurung: sin PC assi, assin B.
   Ebenso asimismo, otrosí Dr otrasi AD ansimesmo Cs.
   Soviel tanto, vor Adj. tan: tan grande, aber vor Comparativ tanto: tanto menos, bei Cs tan menos; für tan auch asi: asy endureçidos RP assi pocos PM assi valient PM
3. Wie como, cual, cuemo, commo, cum PC cumo Dr coma FAO com FAO, B, RO, FJ quomo B aguis de B cuomo, cum A.
   Wie viel cuanto, vor Adj. cuan, quanto.

§ 102. Adverbien der Bejahung, Verneinung, Zweifel.

1. Ja, doch sí.
2. Sicherlich de seguro, por cierto, de veras, devero Dr certas Dr, B,A çiertas FJ.
3. Nein, nicht no, non.
4. Durchaus nicht de ninguna manera, no — nada.

5. Vielleicht, etwa quizá. quizás, tal vez, acaso, quiçab PC, A quiça ST.
6. Wahrscheinlich probablemente.

Altes Adverb der Art und Weise ist: Ungern amidos PC a amidos, adamidos B ambidos A.

Demonstratives Adverbium ist hé = siehe da, alt afe, fe, ahe: afenos, fem, fellos, afelo PC henos Dr ahevos CC fenos ME fe aqui ME cuos A hetelos PJ.

VII. Präpositionen.

§ 103. a) Ursprüngliche Präpositionen.
1. á zu, nach; ha ME, Ap, PM, vor Vokal besonders im Aragones. ad Dr, FAO, B, PJ, PM.
2. de von aus; noch bei Cs gewöhnlich apostrophiert vor vokalisch auslautendem Pronomen: deste, dese, daquel etc. Mit ab zu da Dr; de ex de giebt desde, auch desde de noch heute vulgär; de ex: des PC, A, AD; ex: es de A.
3. con mit; cum FJ.
4. en in; in Dr, AD, B e AH em FAO, PM, S$_{93}$.
5. por durch, für; es vermischen sich lateinisch pro, per und vielleicht prae: poro AD pur B pro B por de PM per FAO, A pre FAO par Dr, A. Per ad, pro ad giebt pora PC, Ap, RO, B, PM pora a PM pera FAO, AD, A pra AD para de FJ, heute para für, vulgär pa.
6. sin ohne, por sin PJ de sin PJ sim S$_{93}$ sen FAO, AD, A, FJ sien FJ sines PC, Dr, ME, Ap, R, RO, A senes A.
7. so (sub) unter, bei; so = debajo de bei Dr, B, ME su AD, FJ sub FJ.
8. tras (trans). daneben wenn auch selten tras de hinter.
9. ante örtlich, selten zeitlich; antes de zeitlich, delante de örtlich = vor; ant A ante de (zeitl.) CC,

Ap, B. örtlich und zeitlich AH; en antes de PFG dante FJ; delant PC delant de PM delantre FJ devante (de ab ante) FJ davant, davant de PM.

10. detrás de hinter (örtl.) und después de nach (zeitl.) detras CC; post: pos FAO pues, pus. pues de FJ; in post: en pos, em pos B en post de SJ en pos en pos de DM en post de PM; ad post: apos B, AH a post de AH; de post: depois de, depues, depos de, depus FJ depues. depos A de pus PA; de ex post: despues; die altspan. Formen sind örtl. und zeitl. gebraucht.

11. sobre (super und supra) auf, über; sobla AD soblo AD subre FJ; alt daneben sursum: dessuso A.

12. yuso unter, de yus B.

13. contra gegen, cuentra A contra de, acontra de FJ descontra A. Daneben vom lat. in = contra: en A para con en RP; dazu inversus: enves, en ves de PM

14. entre zwischen, entri B dentre FJ ontre Q $_{125}$.

15. según (secundum) gemäss, segund Ap, FJ, A, B secundo, secund B segondo FJ segundo Q $_{185}$.

16. atanes bis in FJ.

17. hasta bis (arab.), fata PC, FAO, B faza PC (mit Metathesis) fasta CC, A asta A ata FAO, FJ, A.

18. cerca de (circa), cerca mit acc. B, FJ acerca. circa FJ acerca de nahe bei (Libro de l. enx.)

§ 104. b) Ursprüngliche Adverbien.

19. entro in, bis (intro), entro en B entro PM entro a PM entro en PM; tro = hasta FJ; dentro de innerhalb.

20. enta (intus) = cerca de PM.

21. otro A (= ultro) ausserhalb, neben ultra (lat. ultra) PM).

22. ende, dende von — ab (inde, de inde); dazu heute aquende diesseits und allende jenseits. aquen PA, allen PA, B allende de Ap.

§ 105. c) Ursprüngliche Substantive und Adjektive.

23. hacia gegen (= facia = facie), fasia AH.

24. bajo (baxus) unter, debajo de, alt debajo mit acc. und bajo de.
25. cabo bei (caput), cabo PC, ME cabe de CC cabo de Ap cab A, As.
26. fuera de (foras) ausserhalb, fueras á ME fora de B fuera B de fora de FJ foras, tueras FJ.
27. fin bis (finis), fin á PM.
28. á pesar de trotz, alt daneben mager de PC.
29. apres hinter, bei (ad pressum) apres de A, PM apres PM pres, pres de PM.
30. redor (rotulus?), heute alrededor de, um — herum, derredor de PC, FJ derredor ME redor de B redor B, A.
31. durante während (Part. Praes. von durare)

d) Uneigentliche Präpositionen oder präpositionelle Ausdrücke (alt und neuspanisch).

32. conforme á gemäss
33. respecto á und con respecto á hinsichtlich, in Betreff
34. en cuanto á in Bezug auf
35. en orden á zufolge
36. frente á, en frente de gegenüber
37. junto á bei
38. con atención á mit Rücksicht auf
39. acerca de wegen, hinsichtlich
40. además de ausser
41. á espaldas de hinter
42. al cabo de am Ende
43. al rededor de um — herum (cfr. oben)
44. en casa de bei
45. encima de auf; alt por somo de PM
46. en lugar de, en vez de statt
47. en virtud de kraft
48. por medio de mitten durch, por meo A.

VIII. Conjunktionen.

§ 106. a) Einfache.

1. y, vor anlautendem i oder hi zu é, und; e, et alt allgemein; ye, hye, hie FAO, AD hi Ap he FJ ie D;

ed vor Vokal in PJ; y vor i noch oft in L und Cs;
e — e PJ = ya — ya sowohl — als auch.
2. ni (nec) noch, ni — ni weder — noch; nyn PC nin ME, RO, B nen FJ, A ne FJ nem S 93; nin — nin ME nen — nen A ne — ne FAO.
3. también auch und tampoco auch nicht.
4. ó vor anlaut. o oder ho zu ú, oder; ho ME, FJ hu FJ o otro, o oviere FJ ó ocho noch bei Cs, neben u hombre PJ u papero, u nos As; ó — ó entweder — oder, ho — ho ME.
5. pero (per hoc), más (magis) aber; peru A, maias AD mes FJ mais, maes FJ mays A.
6. sino sondern, senon FJ sono As
7. como (quomodo) wie, commo Ap cuemo FJ
8. pues also (post), pus Dr, AD pois, pos, pus heute noch vulgär.
9. si wenn, se AD, B, FJ, A, PA.
10. ca (car) denn, ca PC, CC qua ME, Ap, B car PM.
11. cuando als, daquand PC quando RO quand B quano FJ cuano SJ.
12. do als AH, donde RP.
13. no — sino nur, no — mes FJ no — mais, non — mays FJ.
14. doncas also, B, FJ soncas As.
15. por esto, por lo tanto deshalb, por ende CC por ent B onde FJ poren A poró AH.
16. que dass, denn.

§ 107. b) Mit que zusammengesetzte.

17. mientras que, mientras während, mientra que PC, FJ mientra CC mentre que FAO, A mentre FJ mientre que FAO, Ap mientre B en mientra que PA demientre que Ap, B domientre A.
18. antes que, antes de que che, ante que PC en antes que PC, PFG enante que CC, PFG, PM.
19. aunque, bien que obgleich, obschon, montas que Cs; alt auch mager que, mager: mager PC maguer que FAO maguer B magar, maguar A magüer, magüera

CC maguera Ap maguera que B maguier que Q $_{185}$ maguyar FJ, daneben peroque, porque = aunque B.
20. h a s t a q u e bis, fata que PC, B, FJ ata que Dr, FAO, FJ ata do A fasta que ME fasta on RO hata que FJ.
Daneben: entro a tanto que PM troa tanto que, entro que PM troaque FJ.
21. c o n t a l q u e wenn nur, daneben endon que PC.
22. s e g ú n q u e, s e g ú n j e nachdem, segunt ME segunt que B segund que FJ segundo, segund FJ segundo A.
23. s i n q u e ohne dass, sines que PM.
24. p a r a q u e, p o r q u e damit, pora que, pora en que PM p a r a q u e n o damit nicht; n o s e a q u e.
25. p o r q u e weil, perque, porqui B.
26. s i e m p r e q u e jedesmal wenn, cada que A, AH, Ult.
27. l u e g o q u e sobald, daneben adiesso que B que que B
28. d o n d e q u i e r a q u e wo immer, oque Dr por o quier que Ap per u quier que A doquere que PM.
29. d e s p u é s q u e, d e s p u é s d e q u e nachdem, poisque FAO despoys que AD pois que, depois que, pues que FJ. Daneben apres que PM.
30. d e s d e q u e seit, desqua FAO desque Ap desdende Ap de que RO desque B desend que FJ desque, deque PJ dende que Ult; heute vulgär ende que.

IX. Interjektionen.

§ 108. In gleicher Weise drücken Schmerz und Freunde aus a h, a y und o h; b a h dient zum Ausdruck der Verachtung, c a und q u i a der Ungläubigkeit, c á s p i t a, c a r a m b a der Ueberraschung, o j a l á des Wunsches, e a der Aufmunterung, ebenso s u s. Ausserdem hat das Spanische noch eine Unzahl mehr oder weniger anständiger Ausrufe; alt: juri á San, juri á mi As pardiez, par diobre As par Dios Cs pardios AH par Diego As ahotas As alahé, alafé, alaé AH aba aba AH etc.

Von demselben Verfasser:
Altspanisches Lesebuch
mit Grammatik und Glossar.
Leipzig:
F. A. Brockhaus.
1890.